Franz Mauss

Die Charakteristik der in der altfranzösischen Chanson de geste Gui de Bourgogne auftretenden Personen

Nebst Bemerkungen über Abfassungszeit und Quellen des Gedichtes

Franz Mauss

Die Charakteristik der in der altfranzösischen Chanson de geste Gui de Bourgogne auftretenden Personen
Nebst Bemerkungen über Abfassungszeit und Quellen des Gedichtes

ISBN/EAN: 9783743491076

Hergestellt in Europa, USA, Kanada, Australien, Japan

Cover: Foto ©Thomas Meinert / pixelio.de

Manufactured and distributed by brebook publishing software
(www.brebook.com)

Franz Mauss

Die Charakteristik der in der altfranzösischen Chanson de geste

Gui de Bourgogne auftretenden Personen

DIE CHARAKTERISTIK

DER IN DER

ALTFRANZÖSISCHEN CHANSON DE GESTE

„GUI DE BOURGOGNE"

AUFTRETENDEN PERSONEN

NEBST BEMERKUNGEN ÜBER

ABFASSUNGSZEIT UND QUELLEN DES GEDICHTES.

INAUGURAL-DISSERTATION

ZUR

ERLANGUNG DER PHILOSOPHISCHEN DOCTORWÜRDE

AN DER

KÖNIGL. ACADEMIE ZU MUNSTER I. W.

VON

Friedrich Wilhelm

FRANZ MAUSS

AUS DÜREN (RHEINPROVINZ).

MÜNSTER.

E. C. BRUNN'SCHE BUCHDRUCKEREI.

1883.

MEINEN LIEBEN ELTERN.

Erster oder allgemeiner Theil.

Ueberlieferung, Abfassungszeit, Composition, Quellen und ausführlichere Inhaltsangabe der altfranzösischen Chanson de Gui de Bourgogne.

Capitel I.
Ueberlieferung der Chanson de Gui de Bourgogne.

Die altfranzösische Chanson de Gui de ·Bourgogne ist in. folgenden zwei Handschriften überliefert:

A. In einer zu Tours befindlichen Handschrift. Dieselbe gehörte ursprünglich dem Kloster Marmoutier im Elsass an. Sie ist auf 72 Pergamentblättern in 8⁰ geschrieben und herausgegeben von Guessard et Michelant in den „Anciens poètes de la France." [1]

In dieser Ausgabe zählt das Gedicht 4304 Alexandriner. Dieselben sind vertheilt auf 100 Tiraden von sehr ungleicher Länge. Die längste Tirade (tir. XXX oder v. 1334—1456) zählt 122 Verse, die kürzeste (tir. XXVI oder v. 1179 bis 1187) dagegen nur neun Verse. Die einzelnen Verse jeder Tirade sind durch Vokalreim oder Assonanz unter einander verbunden;

B. In einer zu London befindlichen Handschrift. Dieselbe, nicht so gut erhalten, wie die eben besprochene, wird in der Harleianischen Bibliothek des British Museum zu London unter Nro. 527 aufbewahrt. Eine Ausgabe dieser

---

[1] Gui de Bourgogne, chanson de geste, publiée pour la première fois d'après les manuscrits de Tours et de Londres. Paris 1859.

Hds. existirt noch nicht. Francisque Michel [1]) beschreibt sie folgendermassen: Ce volume, trop succinctement décrit dans le catalogue des manuscrits de la Bibliothèque Harléienne, p. 341, col. 1, en renferme trois reliés ensemble. Ils sont in 4⁰, sur vélin, écrits en lettres de forme, vers le milieu du XIIIᵉ siècle, [2]) et se composent de 73 feuillets écrits tantôt à deux colonnes, tantôt à longues lignes. Ils contiennent: Un roman du cycle carlovingien [3]), fol. 1 r⁰, col. 1.

Il commence ainsi:

> Oiez, seignurs baruns, Deu vus creisse buntez!
> Ci vus cumencerai chançun de grant nobilité
> De Karle l'emperere, le fort rei coroné,
> Le meillur ke fust en la crestienté.
> Vint e sis ans tut pleins, kar Deu l'ot mandé,
> Fu Karles en Espaigne, cel estrange rengné;
> Burcs, citez, chastels i prist à grant plenté.
> Un jur fu li reis à Nobles la cité
> E ot pris la vile, c ocis Furré;
> Ogier apela e Neimes le barbé
> E Rolant sun neveu e Olivier le sené
> E l'enseur barnage dunt i ot plenté.

Ce poème, qui remplit 124 colonnes de 37 vers chacune, plus 12 vers, se termine ainsi:

> Lors se cucha li reis sur l'erbe en la préc
> E prie dampne Deu, ki fist ciel e rosée,
> Ke cele vile seit à dolur aturnée,

---

[1]) Rapports à M. le Ministre de l'Instruction publique sur les anciens monuments de l'histoire et de la littérature de la France, qui se trouvent dans les bibliothèques de l'Angleterre et de l'Ecosse. Paris 1838. p. 116—119.

[2]) Sir Frederick Madden croit que ce volume a été exécuté vers la fin de ce siècle, contre l'opinion de Joseph Ritson, qui attribue ces manuscrits au XIIᵉ siècle. Voyez The Gentleman's Magazine, november 1, 1833, p. 308, col. 2; et les „Ancient English metrical Romances t. III, p. 267.

[3]) Dieser Titel bezeichnet unsere Dichtung.

Ke cele ne des altres seit mès golosée.
L'en ne fust pas une lue alée
Ke tute la cité fu de ewe surmuntée.
Quant li prince le veient, forment lur agrée;
Chescun vers le ciel a la teste enclinée,
Lors commanda li reis ke l'ost seit deslogée:
S'irrum en Roncevals à lur for destinée.
Tel i ala à joie, c'est véritée provée,
Ki unc pus revint en trestute sun ée.
Alez à Deu, seignurs, la chançon est finée,
E la compainie tute seit à lui commandé [e]. Amen!"

Ausser dem „Gui de Bourgogne" umfasst das Manuscript noch folgende Werke:

1) Préceptes d'un père à son fils. fol. 32 V⁰, col. 1;
2) Vita et mors Alexandri Magni Macedonis. fol. 47 r⁰;
3) De ortu Patrum et obitu. Ysidorus. fol. 56 V⁰, col. 1.
4) Item Ysidorus in libro de ortu et obitu Patriarcharum. fol. 58 r⁰, col. 1.
5) Roman de Horn et de Rimel, son amie. fol. 59 r⁰, col. 1.

Keins der beschriebenen Manuscripte, weder das von Tours noch das von London kann nach meiner Ansicht das Original darstellen; denn beide stammen, wie die Schrift anzeigt, aus dem 13. Jahrhundert, während das Original, wie im nächsten Capitel noch näher dargelegt werden wird, dem Ende des 12. Jahrhunderts angehört haben muss. Schon die Mischung des Dialektes, die in dem Manuscript von Tours bemerkbar ist, [1] deutet auf eine Ueberarbeitung der Chanson

---

[1] Die Mischung der Dialekte in altfranzösischen Dichtungen erklärt sich aus den bekannten sprachlichen Verhältnissen des französischen Mittelalters. So kann es denn auch bei der Chanson de Gui der Hds. von Tours nicht befremden, dass der ursprünglich burgundische Text mit Normandismen durchsetzt ist, sei es dass der normannische Schreiber dieselben planmässig einführte, oder — und das ist wahrscheinlicher — dass er unabsichtlich den fremddialektischen Formen diejenigen seiner heimathlichen Mundart substituirte.

hin. Das Original muss aller Wahrscheinlichkeit nach im Osten Frankreichs und speciell in Burgund entstanden sein, das Manuscript von Tours aber auf normannischem Boden von einem Abschreiber normannisch gefärbt worden sein. Aehnlich dürfte es sich mit dem Manuscript von London verhalten.

Meiner Abhandlung habe ich nur die Hds. von Tours in der bereits citirten Ausgabe von Guessard et Michelant zu Grunde gelegt. Die Londoner Hdss. war mir leider unerreichbar. Dass aber beide Hdss. inhaltlich im Wesentlichen übereinstimmen, darf sowohl aus allgemeinen Gründen als auch daraus geschlossen werden, dass die Herausgeber der Hds. von Tours, denen die Londoner Hds. bekannt war, einer inhaltlichen Differenz nicht gedenken.

Als Schluss des Capitels diene eine Zusammenstellung der bis jetzt über den „Gui de Bourgogne" existirenden Litteratur:

1) Guessard et Michelant in der Ausgabe der Chanson, p. XV—XLII;

2) L. Gautier: Les Epopées françaises. Paris 1880. t. III. p. 481—490;

3) Paulin Paris in der Histoire littéraire de la France. Paris 1873. t. XXVI. p. 278—302.

Capitel II.

Abfassungszeit und Composition der Chanson de geste de Gui de Bourgogne.

A.

. Die bisher ausgesprochenen Ansichten über die Entstehungszeit unserer Chanson gehen aus einander, indem nach der einen das 12., nach der anderen das 12. o d e r das 13. Jahrhundert anzunehmen ist.

Der ersteren Ansicht ist zunächst G. Paris und zwar aus dem Grunde, weil die Chanson de Gui de Bourgogne an den Kinderkreuzzug erinnere [1]). Dieser fällt aber in das Jahr 1212, [2]) folglich müsste man in diesem Falle das dreizehnte Jahrhundert annehmen. G. Paris hat sich also geirrt. Uebrigens ist zu bedenken, dass in der Sage — und als solche ist ja der Zug der Kinder in unserem Gedichte selbstverständlich zu verstehen — häufig die Kinder an die Stelle der Väter treten, um das zu vollenden, wozu diese nicht im Stande waren. Ich erinnere nur an den fabelhaften Zug der Sieben gegen Theben und die zehn Jahre später erfolgende Eroberung Thebens durch die Söhne der gefallenen Helden. Zudem glaube ich auch aus d e m Grunde die Ansicht von G. Paris nicht theilen zu können, weil der Kinderkreuzzug in seinem Resultate von dem im „Gui de Bourgogne" geschilderten Zuge ganz und gar abweicht. [3])

Der Ansicht des G. Paris schliesst sich L. Gautier [4]) an, ohne aber irgend einen Grund für seine Annahme vorzubringen.

Zwischen dem 12. und 13. Jahrhundert schwanken

---

[1]) In der Histoire poétique de Charlemagne, Paris 1865. p. 270. sagt er: „Cette expédition des enfants rappelle les croisades d'enfants du douzième siècle."

[2]) cf. Reinhold Röhricht, Beiträge zur Geschichte der Kreuzzüge. Berlin 1878. II, 230. „Hingegen regte sich wieder in Frankreich 1211, freilich von ketzerischen Predigern angefacht, der Kreuzzugseifer, der bald in dem phantastischen Kinderkreuzzuge 1212 sich Ausdruck verschaffte und in Deutschland eine ähnliche Bewegung hervorrief." id. Der Kinderkreuzzug in Sybel's Historischer Zeitschrift. München 1876. Bd. XXXVI, p. 1—8.

[3]) cf. Röhricht, der Kinderkreuzzug in Sybel's Historischer Zeitschrift. München 1876. Bd. XXXVI, S. 6—8.

[4]) Les Epopées francaises. Paris 1880. t. III, p. 481. „Gui de Bourgogne est un poème du XII⁰ siècle." und Ausg. der chanson de Roland, Tours 1875. p. 382: „Cette version n'est consacrée que par le poème de Gui de Bourgogne (seconde moitié du XII⁰ siècle.)"

Guessard et Michelant, [1]) und noch unbestimmter drückt sich Paulin Paris [2]) aus.

Die Annahmen dieser Gelehrten besitzen nun zwar keinen anderen Werth, als den einer Hypothese, sie enthalten aber wenigstens den richtigen Gedanken, dass der „Gui de Bourgogne" einer bereits vorgerückten Epoche der altfrz. Epik angehört.

B.

a. Aeussere Kriterien für die Abfassungszeit des „Gui de Bourgogne."

1) Der Zug der Kinder nach Spanien findet sich in der Chanson de Gaydon [3]) v. 8—10 erwähnt mit den Worten:

„Aprez, de Charle, nostre empere ber,

„Qui en Espaigne fu tant por conquester,

„Que aprez les peres convint les fiuls aler.

Dass diese Erwähnung auf einer Bekanntschaft mit dem „Gui de Bourgogne" beruht, darf wohl angenommen werden. Da nun der „Gaydon" nach der Ansicht von S. Luce [4]) am Ende des 12. Jahrhunderts entstanden ist, so muss folglich der „Gui de Bourgogne" einige Zeit vorher, etwa 1180 entstanden sein.

Nach der Ansicht Gautier's [5]) ist allerdings der „Gaydon" erst zu Anfang des 13. Jahrhunderts entstanden.

---

[1]) Ausgabe des Gui de Bourgogne, préf. p. VIII: „Il ne nous paroît pas postérieur au commencement du XIIIe siècle, et pourroit bien remonter jusqu'au XIIe, à en juger par la langue et par certains détails de mœurs et de costume."

[2]) Histoire littéraire de la France. t. XXVI, p. 301. „Ces mentions dues à des écrivains de la fin du XIIe siècle ou des premières années du XIIIe, viennent à l'appui de la date assez ancienne que nous attribuons à la composition de notre chanson."

[3]) Gaydon, chanson de geste, publiée pour la première fois d'après les trois manuscrits de Paris par M. M. F. Guessard et S. Luce. Paris 1862 in den „Anciens poètes de la France."

[4]) De Gaidone, carmine gallico vetustiore, disquisitio critica. Lutetiae Parisiorum 1860 p. 10 u. 31, vgl. W. Reimann, Die Ch. de G. (Ausg. und Abhandl. v. Stengel III, p. 119.)

[5]) Les Epopées françaises. t. III, p. 625.

Ist dies richtig, so darf man für den „Gui de Bourgogne" schliessen, dass er im Anfang des 13. Jahrhunderts volksthümlich genug war, um von anderen Trouveres erwähnt zu werden.

2) In gleicher Weise können Bezugnahmen anderer Litteraturwerke auf den G. de B. als beweiskräftig für die im 12. Jahrhundert erfolgte Abfassung desselben gelten, nämlich:

α. das Fabliau „Deux troveors ribauz"[1]) erwähnt den Gui in den Versen 74 f.:

> „Si sai de Guion d' Aleschans
> Et de Vivien de Borgoigne"[2])

Ueber die Abfassungszeit dieses Fabliau's sind bis jetzt nur Hypothesen aufgestellt: Le Grand d'Aussy meint, es gehöre dem 12. Jahrhundert an, Caylus nimmt die erste Hälfte des 13. Jahrhunderts, Victor Le Clerc das Ende des 13. Jahrhunderts als Entstehungszeit an[3]), und gegen letztere Ansicht wendet sich wieder Paulin Paris.[4])

β. In der Chronik des Philippe Mousket aus dem Jahre 1242,[5]) findet sich folgende auf unsere Dichtung bezügliche Stelle. (v. 4678 ff.):

> „Et li rois en celle besogne
> „Lor tramist Guion de Bourgogne
> „Ki noviaus chevaliers estoit
> „Et des jovenes enfans avoit.

---

[1]) Rutebeuf, Œuvres complètes p. p. A. Jubinal. Paris 1839. t. I. p. 333.

[2]) Ueber die Umstellung des „Aleschans" und „Borgoigne" cf. A. Jubinal, a. a. O. I. 333. Anm. 2.

[3]) cf. Die Abhandlung von Victor Le Clerc in der Histoire littéraire de la France. Paris 1856. t. XXIII, p. 97.

[4]) cf. Die Abhandlung von Paulin Paris in der Histoire littéraire de la France. Paris 1873. XXVI, 298.

[5]) Gröber, Die handschriftlichen Gestaltungen der Chanson de geste „Fierabras" und ihre Vorstufen. Leipzig 1869. p. 109.

„Devant çou la courone ot prise;
„Et soucoururent sans faintise
„Lor bon roi en la tière estrange,
„U il n'orent ne lin ne lange.
„En France estoient revenu;
„Et soujourné et bien péu;
„Mais à cel soucours le tramist
„Li roi, ki moult s'en entremist. [1]

γ. Die bekannte Chronik des Albericus Trium Fontium[2]) bestätigt die Popularität der Chanson de Gui de Bourgogne durch folgende Worte: „De Guidone, filio Samsonis, ducis Burgundie, in regem a juvenibus in Francia elevato, dum Carolus Magnus esset in Hispania, et de gestis ejusdem Guidonis satis pulchra decantatur sive fabula sive hystoria."

. b. Innere Kriterien. Für die Abfassung der Chanson de Gui de Bourgogne am Ende des 12. Jahrhunderts (etwa 1180) sprechen folgende Gründe.

α. Der ganze Inhalt unserer Dichtung deutet auf eine Zeit hin, in welcher die Chanson de geste bereits längere Zeit Gegenstand dichterischer Bearbeitung auf französischem Boden gewesen war. Nachdem nämlich Carl mit seinen Paladinen schon so und so lange von Neuem besungen worden war, musste naturgemäss eine gewisse Erschöpfung des Stoffes eintreten. So wurde die Phantasie des Dichters oder Trouvères in gewissem Sinne auf einen anderen Stoff hingedrängt: an die Stelle der Väter traten die Kinder. Und nicht nur der Stoff an sich, sondern auch die Behandlung des Stoffes, die zahlreichen Uebertreibungen lassen der Vermuthung Raum, dass zwischen der Abfassungs-

---

[1]) Chronique rimée de Philippe Mousket p. p. le baron de Reiffenberg. Bruxelles 1836. t. I. p. 188. v. 4678—89.

[2]) Pertz, Monumenta Germaniae historica. Hannover 1874. t. XXIII, p. 724.

zeit des Rolandsliedes und derjenigen des „Gui de Bourgogne" eine verhältnissmässig geraume Zeit liegt.

β. Die Composition oder der innere Bau des „Gui de Bourgogne" ist ebenfalls derart, dass zwischen der Abfassungszeit unseres Gedichtes und derjenigen des Rolandsliedes zwar eine längere Zeit, aber auch wieder nicht allzu lange Zeit liegen kann. Das Rolandslied [1]) zeigt eine noch ganz kunstlose, fast roh zu nennende Composition, für deren Mängel uns freilich zahlreiche Einzelschönheiten entschädigen. Die Composition des „Gui de Bourgogne" dagegen ist, wenn auch vielfach mangelhaft, im Vergleich zum Rolandsliede doch ziemlich kunstvoll. Im Einzelnen dürfte in Bezug auf die Composition beider Dichtungen folgender Vergleich von Intereresse sein:

1) Die Composition des Rolandsliedes leidet wesentlich durch die häufigen Wiederholungen, welche den modernen Leser in nicht geringer Weise ermüden. Diesen Fehler hat der Dichter des „Gui de Bourgogne" nahezu völlig zu vermeiden gewusst.

2) Die Composition des Rolandsliedes leidet ferner dadurch, dass die einzelnen Theile, aus welchen sich das Ganze zusammenfasst, zu lose aneinander gefügt oder unpassend mit einander verbunden sind. So ist zum Beispiel die Trauer der Franken um Roland's Tod (v. 2855—73) ganz lose in die Baligantepisode (v. 2609—3697) eingelegt, während sie folgerichtig zur Erzählung vom Verrathe und Tode Roland's (v. 1—2608) und innerhalb dieser nach v. 2442 passte. Auch finden sich im Rolandsliede Stellen, die mit dem eigentlichen Gedichte gar nichts gemein haben, z. B. die letzte Tirade oder v. 3991 bis 4001, wo auf einen weiteren Krieg mit den Heiden

---

[1]) Wenn ich in meiner Abhandlung ganz allgemein vom Rolandsliede spreche, so verstehe ich darunter die Redaktion des Oxforder Codex (ed. Stengel, Heilbronn 1878), welche unter allen unzweifelhaft die ästhetisch werthvollste ist.

hingewiesen, dann aber plötzlich abgebrochen wird, während doch vorher v. 3987 einen ganz passenden Abschluss geboten hätte. Im Gui de Bourgogne ist trotz der Mannigfaltigkeit der Handlung die Einheit nicht verloren, die einzelnen Theile sind vielmehr alle schön in einander verkettet und folgerichtig erzählt. Zuerst wird die Handlung vorbereitet durch das Auftreten Carls und seinen Aufbruch nach Luiserne (v. 1—190), dann folgt eine Schilderung der Thaten Gui's, seine Wahl (191 bis 391), die Eroberung von Carsaude (392—646), von Montorgueil (1485—2777), von Augorie (3185—3449), von Maudrane (3450—3717), von Luiserne (3718—4304). In diese Darstellung sind alsdann die Erlebnisse Carls d. Gr. in geschickter Weise eingeflochten (v. 710—1484. 2778—3184).

Wenn also der Dichter unserer Chanson mit grösserem Kunstverständniss gearbeitet und mehr Geschick gezeigt hat, als der Redactor der Oxforder Chanson de Roland, so ist klar, dass zwischen beiden Dichtungen eine geraume Zeit liegt. Wie man nun auch über die Entstehungszeit des Rolandsliedes denken mag, dieselbe ist jedenfalls eine verhältnissmässig frühe, mag man nun das 11. oder den Anfang des 12. Jahrhunderts ansetzen[1]). Und da die Composition des Gui de Bourgogne, verglichen mit derjenigen des Rolandsliedes grosse Fortschritte aufweist, so darf man wohl zwischen dieser und jener einen Zeitraum von mindestens 50 Jahren ansetzen. Somit lässt sich die Abfassung unserer Dichtung mit grosser Wahrscheinlichkeit in das Ende des 12. Jahrhundert verlegen.

γ. Die Sprache der Dichtung weist entschieden auf das 12. Jahrhundert hin, vgl. die Bemerkung der Herausgeber, préf. p. VIII.

---

[1]) Neuerdings setzt G. Paris (Romania XI, p 409) die Abfassungszeit des Rolandsliedes (O) „entre l'expédition de Guillaume le Bâtard (1066) et celle de Godefroi de Bouillon (1096)."

Hierzu kommt noch eine Erwägung anderer Art. Wenn man annehmen darf, dass die Dichter der Chansons de geste, — namentlich aber solche, welche ihr Gedicht für den „Lendit" (Jahrmarkt) bestimmten [1]), zum grösseren Verständniss die auftretenden Personen im Geschmacke ihrer Zeit schilderten, so sprechen mehrere Stellen unserer Chanson für das Ende des 12. Jahrhunderts als äussersten Punkt der Entstehung. Es wird nämlich mehrmals von einer Sitte gesprochen, den Schnurrbart [2]) im Nacken zusammen zu binden, [3]) eine Mode, die nach A. Schultz mit dem 12 Jahrhun-

---

[1]) Als eine für den lendit bestimmte chanson ist wohl der „Gui de Bourgogne" anzusehen, wenigstens lassen die Verse 4135—37, wo der Sänger die Zuhörer auffordert, in die Börse zu greifen und ihm seinen Gesang zu bezahlen, diese Vermuthung als wahrscheinlich erscheinen. Die Verse lauten:
„Qui or voldra chançon oïr et escouter,
„Si voist isnelement sa bourse desfermer,
„Qu'il est huimès bien tans qu'il doie doner."
[2]) Guessard et Michelant (cf. Ausgabe des „Gui" pref. p. VIII.) fassen „guernons" als die Haare an den Schläfen auf und berufen sich auf Thomas Wright, „A volume of vocabularies, illustrating the condition and manners of our forefathers, as well as the history of the forms of elementary education and of the languages spoken in this island". 1857, wo allerdings in „The treatise of Walter de Biblesworth" p. 146 „les guernons" erklärt wird durch „the heer abowen." Dass aber diese Erklärung auch für unsere Stellen zutreffe, ist durchaus unwahrscheinlich. cf. die Anmerkung S. 12[1].
[3]) v. 1119—21.
„Sa barbe li baloie jusc'au neu du braier,
„Par desour les oreilles ot les guernons treciés,
„Derier el haterel gentement atachiés."
v. 2888—89.
„Sa barbe li baloie jusc'au neu del baudré
„Par deseur les oreilles ot les guernons tornez."
v. 1839—41.
„Sa barbe li baloie jusc'au neu du brayer,
„Par desus les oreilles ot guernons treciez,
„Et le baston d'or fin el haterel lacié."

dert ihr Ende nahm.[1]) Allerdings halte ich diesen Beweis keineswegs für unbedingt zwingend, da ja immerhin möglich wäre, dass der Dichter seinen Zuhörern frühere Sitten veranschaulichen wollte.

Fassen wir nunmehr das Resultat unserer Untersuchung kurz zusammen, so ergeben sich folgende zwei Sätze:

1) Ohne Zweifel gehört der „Gui de Bourgogne" einer Zeit an, in welcher die epische Dichtung schon seit langer Zeit in Frankreich gepflegt wurde.

2) Diese Zeit kann aber aus Gründen, welche sowohl ausserhalb unserer Dichtung, als auch in der Dichtung selbst zu suchen sind, nicht über das 12. Jahrhundert hinausgehen. Wahrscheinlich liegt die Abfassungszeit um das Jahr 1180.

Capitel III.

Quellen der Chanson de geste de Gui de Bourgogne.

Wegen der in der Chanson de Gui de Bourgogne zahlreich vorkommenden Angaben, welche ausserhalb jeglicher Ueberlieferung stehen und lediglich Erzeugniss der Phantasie des Dichters sind, lassen sich die Quellen unserer Dichtung nur mit grosser Schwierigkeit ausfindig machen. Doch

---

[1]) A. Schultz, Das höfische Leben zur Zeit der Minnesinger. Leipzig 1879. I, 215—16. „Nicht minder eigenthümlich war die Sitte, den bis über die Brust herabwallenden Bart wie das Haupthaar in einzelne Strähnen und Zöpfe zu flechten und dieselben mit Goldfäden etc. zu umwinden; die Spitzen des Schnurrbartes wurden im Nacken zusammengebunden." Ein wenig weiter heisst es alsdann: „An die Mode, den Schnurrbart zusammenzubinden, erinnert die Sculptur an einem Capitell der Klosterkirche zu Drübeck, welche Franz Kugler (Gesch. der Baukunst II, 399) abbildet. Zwei ähnliche Capitelle finden sich in the Saints' Church zu Inchagoile (s. Margaret Stockes, Early Christian Architecture in Ireland. London p. 115.) Auch diese Sitte wurde schon im XII. Jahrhundert aufgegeben, ja es wurde mehr und mehr Sitte, den Bart zu rasiren."

mögen folgende Angaben wenigstens die Wahrscheinlichkeit für sich haben.

1) Der Chronik des Pseudo-Turpin [1]) sind folgende Theile unserer Dichtung entlehnt:

a. Die Aufforderung des Apostels Jakobus nach San Jago zu gehen und die Pilgerfahrt Carls dorthin nach Berathschlagung mit seinen Pairs [2]).

b. Die lange Belagerung von Luiserne und der Untergang dieser Stadt auf Bitten Carls d. Gr. [3])

c. Ausserdem erinnert noch eine Anzahl anderer Stellen des Pseudo-Turpin an ähnliche im Gui de Bourgogne: das Zusammenstürzen der Mauern von Pampelona in cap. II des Pseudo-Turpin mahnt an dasselbe Ereigniss im „Gui de Bourgogne" beim Angriff auf das Schloss von Carsaude (v. 693—96); das wunderbare Entstehen der Wälder beim Flusse Ceia in cap. VIII erinnert an die von Carl d. Gr. an der Gironde gepflanzten Wälder in v. 319.

2) Wahrscheinlich ist ferner, dass der Verfasser des „Gui" die meisten der seinigen zeitlich vorangehenden Chansons de geste kannte. Der Nachweis lässt sich freilich nur für wenige führen.

a. Dem Rolandsliede Entlehntes: Die Predigt des Erzbischofs Turpin [4]) sowie der Bericht über die Verfinsterung der Sonne zur Mittagszeit, über den Blutregen zu Paris und den allgemein erwarteten Weltuntergang [5]) zeigen eine so grosse Uebereinstimmung in beiden Chansons, dass nur durch die Annahme, der Verfasser des Gui de Bourgogne habe das Rolandslied zu

---

[1]) Turpini historia Caroli Magni et Rotholandi, texte revu et complété d'après sept manuscrits par Ferdinand Castets. Montpellier et Paris 1880.

[2]) Turpin, cap. I. und XIX; Gui v. 4099—4107.

[3]) Turpin, cap. III, Gui v. 4288—97.

[4]) La Chanson de Rol. v. 1126—38 und Gui v. 515—23.

[5]) La Chanson de Rol. v. 1423—35 und Gui v. 306—309.

seiner Arbeit verwerthet, eine vernünftige Lösung dieser
Erscheinung gegeben werden kann. Zahlreiche Pa-
rallelstellen beider Dichtungen liessen sich noch an-
führen. Da sich dieselben jedoch formelhaft auch in
anderen Chansons finden und daher vielleicht aus diesen
und nicht aus dem Rolandsliede entnommen sind, so
können sie hier übergangen werden.

b. Der Chanson d'Aspremont[1] Entlehntes: Der Verfasser des „Gui" fand in ihr den Gedanken der Befreiung
Carls d. Gr. durch einen jüngeren Helden vor. Der
15 Jahre alt gewordene Roland hat sich aus einem
Thurme, der ihn eingeschlossen hielt, nach einem
Kampfe mit dem Pförtner — man denkt hierbei sofort
an den Kampf Gui's mit dem Thürhüter Huidelon's in
v. 1775 ff. — befreit und ist mit seinen Spielgenossen
dem grossen Frankenkönige, der gegen die Sarazenen
in Italien Krieg führte, nachgezogen. Hier übt er, wie
Gui in Spanien, Wunder der Tapferkeit und rettet
Carl, den „grossen Kaiser".

3) Wenn somit auf der einen Seite die Bekanntschaft
des Verfassers des Gui de Bourgogne mit einigen vorangehenden Chansons de geste völlig nachweisbar ist, so
kann es auf der anderen Seite einer genaueren Prüfung
nicht entgehen, dass noch andere, jetzt verlorene Chansons
unserer Dichtung vorangegangen und vom Verfasser unserer
Dichtung benutzt sein müssen. Ein direkter Beweis für
das Fehlen einer vom Verfasser des „Gui" benutzten
Chanson liegt in der Benennung von vier spanischen
Städten[2], deren Namen sich in keiner der erhaltenen Chansons de geste findet. Da nun aber der Verfasser sich im
Gebrauch von Eigennamen an frühere Chansons genau
anlehnt, hat er dies gewiss auch hier gethan, nur ist seine
Quelle unbekannt.

---

[1] Ed. Fortun in den „Anciens poètes de la France", Paris 1855.
[2] cf. Chanson de Gui v. 103—106.

4) Aus dem Erörterten geht Folgendes über die Quellen des „Gui de Bourgogne" hervor:

a. Benutzung des Pseudo-Turpin.

b. Benutzung des Rolandsliedes und der Chanson d'Aspremont.

c. Benutzung jetzt verlorner Chansons de geste.

Capitel IV.

Ausführlichere Inhaltsangabe der Chanson de geste de Gui de Bourgogne.

Das Gedicht beginnt mit einer Aufforderung des Sängers, seinem Liede Aufmerksamkeit zu schenken (v. 1—3). Dann beginnt die Erzählung:

I. Carl glaubt, nachdem er 27 Jahre Krieg geführt, ganz Spanien bis auf Cordova zu besitzen. Aufforderung an die Barone, ihm dahin zu folgen (v. 4—30). Auflehnung Ogier's (31—48). Erwiderung des Kaisers (49—73), Aufklärung des Irrthums, von welchem Carl in Bezug auf die Eroberungen in Spanien befangen ist, durch Richard (74—109). Bestätigung der Aussagen Richard's durch Floriant von Nubien (110—131). Carls Beschluss zum Kriege gegen die von Richard bezeichneten Städte; Murren der Franzosen. Aufforderung eines Engels an Carl, nach Luiserne aufzubrechen und Verheissung mächtiger Hülfe (132 bis 163). Rückkehr der Gascogner und Angeviner nach Frankreich, ihre Versetzung in den Sklavenstand. Aufbruch Carls nach Luiserne (164—190).

II. Das Auftreten Gui's und seine Erlebnisse in Frankreich. Versammlung der „Kinder" Frankreichs am Ufer der Seine und Wahl Gui's zum König (191—229). Gezwungen nimmt Gui die Krone an, befiehlt aber seinen Unterthanen, sofort nach Spanien aufzubrechen (230—255). Murren der „Kinder", Vorbereitungen zum Kriege, Mitnahme der Mütter und Schwestern, Wunder zu Paris beim

Aufbruch und Zug bis zu den Grenzen Spaniens (256—320).
Unterredung Gui's mit einem Pilger, erste Nachricht über
die Bedrängniss der Väter vor Luiserne, Aufzählung der
12 Pairs (321—375). Entschluss Gui's zur Eroberung der
Stadt Carsaude (376—391). III. Die Eroberung von Carsaude. Erstaunen der Sarazenen beim Herannahen der Kinder. Unterredung Gui's mit
dem Heiden Boïdans (392—469). Herannahen Escorfaut's
mit seinem Heere, Gebet Gui's, Predigt Turpins, Kampf,
Sieg Gui's, Verfolgung der Sarazenen bis in die Stadt und
Einnahme derselben bis auf den festen Palast (470—646).
Absendung einer Gesandtschaft an Carl d. Gr. mit reichlichen Geschenken. Strenger Befehl Gui's, sich den Vätern
nicht zu entdecken. Unwille der „Kinder" (647—678).
Wunderbare Zerstörung des festen Palastes von Carsaude
auf das Gebet Gui's (679—699). IV. Carl d. Gr. vor Luiserne, seine bedrängte Lage und
sein Zorn, dass er die Stadt nicht nehmen kann (710—727).
Tröstende Worte Naimes' (728—743). Carls Traum (744
bis 763). Ankunft der Gesandtschaft Gui's. Die Franken
halten die Nahenden für Sarazenen, und Carl ertheilt den
Befehl zum Angriff (764—782). Auflehnung Ogier's gegen
des Kaisers Befehl. Aufbruch gegen die Nahenden, seltsame Enttäuschung (783—830). Die Kinder legen den
Zweck der Gesandtschaft dar und erzählen die Vorgänge in
Frankreich. Grosser Zorn der Väter. Rechtfertigung der
„Kinder" (831—940). Zug der Kinder zum Lager Carls
d. Gr. Ansprache Bertrand's an den Kaiser und Ueberrei-
chung der Geschenke (941—960). Zorn der „Kinder" (961
bis 1021). Besänftigung des Kaisers. Spott Roland's und
Zorn des Kaisers über seinen Neffen (1022—1062). Ganelon's Hass gegen die Kinder. Zusammenberufung einer
Versammlung. Der böswillige Rath Ganelon's. Das Wi-
derstreben Naimes' und Ganelon's Schwur blutiger
Rache (1063—1161). Vertheilung der Geschenke an alle,
Erkundigungen über die Frauen und Kinder Frankreichs

(1162—1276). Luiserne wird von Carl, der sich als Pilger verstellt, ausgekundschaftet (1277—1333). Die dem Kaiser von Boïdans dem Heiden drohende Gefahr, Gebet des Kaisers, Rettung durch den hl. Gabriel und Ankunft im Palaste des Königs Aquilant (1334—1396). Plötzlicher Ueberfall von Seiten des Boïdans, Niederstreckung desselben, Verurtheilung Carls zum Tode, Rettung durch den Heiden Salatrés (1397—1426). Angriff der Franzosen auf Luiserne, Meldung des Angriffes an Aquilant. Musterung der Stadt durch Carl, Unmöglichkeit ihrer Einnahme (1427—1456). Einstellung des Angriffs auf Luiserne. Rückkehr zum Zelte und Entlassung der Kinder mit der Bitte, Gui zur baldigen Hülfeleistung zu veranlassen (1457—1484).

V. Die Eroberung von Montorgueil. Unterredung Gui's mit einem Pilger. Nachrichten über Carl. Entschluss Gui's zum Angriff auf Montorgueil. Rückkehr der Gesandten (1485—1569). Aufbruch des Heeres, Ankunft vor Montorgueil, Beschreibung der Stadt und ihrer Umgegend (1570 bis 1625). Berathung über die Mittel der Einnahme. Bertrand räth, zehn Barone sollen unter dem Scheine von Gesandten zu Huidelon gehen und im Namen des Kaisers Uebergabe der Stadt und Bekehrung zum Christenthum verlangen. (1626—1654). Annahme des Rathes. Ein Heide Maucabré zeigt den Weg zum Palaste. Wunderbares Zurücktreten der Gewässer vor Montorgueil (1655—1774). Kampf mit dem Thürhüter Huidelon's, Erlegung desselben durch Gui (1775—1817). Bewachung der Thüre des Palastes durch fünf von den Baronen, Ankunft der übrigen im Saale Huidelon's und Darlegung des Zweckes der Gesandtschaft (1818—1963). Ueberfall der Sarazenen, heldenmüthige Gegenwehr der Franzosen, Vertreibung der Sarazenen aus dem Palaste (1964—2030). Grosse Verlegenheit der fränkischen Barone in Folge des Mangels an Lebensmitteln und in Folge der Belagerung durch hinzugekommene Sarazenen (2031—2099). Bertrand räth, Huidelon des Verrathes zu beschuldigen und Genugthuung dafür zu fordern. Annahme

des Rathes (2100—2149). Huidelon gewährt die geforderte
Genugthuung und macht das Geschick der Stadt und ihrer
Bewohner von einem Zweikampf Gui's mit seinem Sohne Danemont abhängig (2150—2201). Edles Benehmen Huidelons gegen Gui (2202—2249). Rüstung zum Zweikampf. Gebet Gui's,
Ermahnung Huidelon's an seinen Sohn. Gegenüberstellung
der beiden Streiter (2250—2373). Ersinnung des Verrathes
durch Dragolant (2274—2405). Ausführliche Schilderung
des hin und her wogenden Zweikampfes. Danemont ist
zuletzt im Nachtheil (2406—2686). Herannahen Dragolant's
zur Ausführung des Verrathes. Ankunft der neun Barone
Gui's zur Abwehr des Verrathes (2687—2702). Abwehr des
Verrathes durch Huidelon (2703—2731). Huidelon will,
weil man ihm abermals Verrath vorwirft, sich dem Urtheile
Carls unterwerfen und ersucht Gui, ihn in das Lager des
Kaisers zu führen. Wenn Carl ihn für einen Verräther
erkläre, so wolle er alle seine Länder verlieren und Dragolant solle enthauptet werden (2732—2766). Vorwürfe Huidelon's gegen Danemont (2767—2777).

VI. Carls d. Gr. weitere Erlebnisse vor Luiserne. —
Zorn Carls über das Ausbleiben der von Gui erwarteten Hülfe
(2778—2790). Rath Naimes', eine Anzahl auszuschicken,
um Gui zu suchen. Einwilligung Carls. Abzug einer Gesandtschaft. Ankunft derselben vor Montorgueil (2791 bis
2817). Gui's Meinung, die Herankommenden seien Sarazenen. Enttäuschung durch Bertrand (2818-2862), Unterredung Gui's mit Naimes. Die Fragen des Herzogs werden
von Gui alle höflich beantwortet, bis auf diejenige nach
seiner Herkunft (2863—2938). Huidelon legt den Baronen
Carls sein und Dragolant's Benehmen zur Beurtheilung vor
(2939—2965). Ansicht Naimes', Dragolant sei nicht schuldig,
weil er als Heide gehandelt habe. Man solle Huidelon ver-
zeihen unter der Bedingung, dass er sich taufen lasse. Einwilligung Huidelon's in den Rath Naimes': Taufe Huidelon's und all' seiner Angehörigen und Unterthanen. Uebergabe Montorgueil's an Gui. Weigerung Huidelon's, die

Herrschaft darüber wieder anzunehmen, bis er Carl von
St. Denis gesehen und ihm seine Dienste gewidmet habe
(2977—3070). Naimes und Samson bemühen sich verge-
bens, Gui zur sofortigen Hülfeleistung zu bewegen. Ent-
lassung der Gesandtschaft mit reichlichen Geschenken an
Lebensmitteln und Waffen (3071—3132). Rückkehr der
Gesandten zum Lager Carls. Uebergabe der Geschenke,
Vermuthungen Carls über die Person Gui's (3133—3170).
Der Gedanke über Gui's Persönlichkeit beschäftigt Carl so
sehr, dass er erzürnt ist und nicht schlafen kann (3171—3184).
VII. Die Eroberung von Augorie. — Unterredung Gui's
mit Huidelon (3185—3214). Aufbruch des Heeres, seine
Ankunft vor Augorie (3215—3226). Huidelon geht in ver-
rätherischer Absicht mit 200 Bewaffneten zu seinem Ver-
wandten Escorfaut, dem König von Augorie (3227—3286).
Aufforderung Huidelon's an Escorfaut, sich zu ergeben.
Weigerung Escorfaut's (3287—3348). Kurzer Kampf. Ge-
zwungen ergibt sich Escorfaut. Gui hält seinen Einzug in
Augorie. Taufe der Sarazenen (3349—3449).
VIII. Die Eroberung von Maudrane. — Unterredung
Gui's mit Huidelon und Escorfaut. Schilderung der Stadt
Maudrane. Huidelon und Escorfaut versprechen kräftige
Hülfeleistung zur Eroberung derselben (3450—3490). Marsch
gegen Maudrane. Ersinnung einer List durch Huidelon
(3491—3539). Anstalten zur Ausführung der List, Zug zum
Emaudras von Maudrane (3540—3576). Ausführung der List.
Ueberfall gegen den König von Maudrane. Derselbe wird
von Turpin erschlagen, die Bewohner der Stadt werden alle
niedergemacht, und die Stadt selbst wird eine Beute der
„Kinder" (3577—3717).
IX. Die Vereinigung der Kinder mit den Alten. —
Aufbruch der Kinder nach Luiserne (3718—3739). Carls
d. Gr. Zorn über Gui (3740—3754). Fälschliche Nachricht
von dem Nahen der Sarazenen. (3755—3778). Furcht des
Kaisers, Berathung mit den Baronen, Absendung von 10000
Bewaffneten unter Anführung Ganelon's (3779—3826). Gane-

lon's Rückzug beim Nahen der Kinder und sein Fluchtplan
(3826—3862). Zorn Carls über Gui. Aufklärung des Irrthums bezüglich der Sarazenen durch Naimes (3863—3924).
Ankunft der Kinder vor Luiserne. Gegenseitige Ehren-
bezeugungen. Abtretung der Eroberungen Gui's an Carl
d. Gr. und Darlegung seines Verhaltens. Carl verspricht
Gui die Herrschaft über Spanien (3925—3976). Erken-
nungsscenen zwischen Vätern und Söhnen, dann zwischen
Gatten und Gattinnen (3977—4020) Versammlung der
Barone, Beschluss, die Frauen nach Frankreich zurückzu-
schicken. Mittheilung des Beschlusses an die Frauen (4021
bis 4062). Andeutung von Ganelon's Verrath (4063—4068).
Rückkehr der Frauen nach Frankreich (4069—4080). Gui
wird König von Spanien, Huidelon und Escorfaut werden
seine Lehnsleute. Letztere ziehen mit den ihrigen in ihre
Reiche zurück (4081—4090). Aufforderung eines Engels
an Carl, zum Grabe des hl. Jakobus zu gehen. Versammlung der Barone. Uebertragung der Sorge für das Heer
an Gui. Abzug Carls mit neun Baronen zum Grabe des
Apostels (4091—4131). Angriff beider Armeen auf Luiserne. Gebet Gui's (4132—4171). Verrichtung der Andacht
Carls in San Jago und Rückkehr zum Heere (4172—4177).
Wunderbares Einstürzen der Mauern von Luiserne. Gui
dringt mit seinen Truppen zuerst in die Stadt (4178—4197),
Roland kommt Gui zu Hülfe, Niedermetzelung der Sarazenen, Streit zwischen Gui und Roland (4198—4262). Rückkehr Carls. Beilegung des Streites. Gebet zu Gott. Wunderbare Vernichtung der Stadt Luiserne. Aufbruch des
Heeres in die Heimath und Andeutung des Unglücks bei
Roncevaux (4263—4304).

Zweiter oder besonderer Theil.

Die Charakteristik der in der altfranzösischen Chanson de geste „Gui de Bourgogne" auftretenden Personen.

Einleitung.

In diesem Theile meiner Arbeit habe ich mir zur Aufgabe gestellt, die Charakteristik der im „Gui de Bourgogne" auftretenden Personen in einer möglichst klaren und genauen Darstellung zu geben. Eine Untersuchung ähnlicher Art wurde in Bezug auf das Rolandslied bereits von Graevell[1]) geführt. Ich werde daher häufiger auf entsprechende in jener Abhandlung charakterisirte Personen hinzuweisen Gelegenheit haben.

Zum Verständniss der einzelnen Charakteristiken ist es nöthig, dass ich in einigen Worten auf die Widersprüche hinweise, denen wir in der Darstellung fast aller Personen begegnen werden. Der Grund dieser Inconsequenz in der Zeichnung der Personen liegt darin, dass der Dichter des „Gui de Bourgogne" oft mehrere historische Persönlichkeiten mit einander verschmolzen hat. In Folge dessen entstanden Mischgestalten, welche die edlen Eigenschaften der einen und zugleich die unedlen einer anderen Person repräsentiren. Hierin liegt eben die weite Kluft zwischen französischen

---

[1]) Die Charakteristik der Personen im Rolandsliede. Ein Beitrag

Chansons de geste und griechischer Ilias oder Odyssee, die
allerdings von manchen französischen Litterarhistorikern so
sehr verkannt wird, dass dieselben ihre Chansons de geste mit
den homerischen Gesängen auf gleiche Stufe stellen. Die
griech. und altfranz. Epiker haben mit einander gemeinsam,
dass sie Helden zur Darstellung bringen, welche der Sage
angehören, aber die Art und Weise, wie sie dieselben
darstellen, ist sozusagen toto caelo verschieden. Die
Verfasser der Chansons de geste haben die einzelnen Sagen,
welche sich im Laufe der Zeit an gewisse Persönlichkeiten
knüpften, zwar in sich aufgenommen, jedoch so, dass sie
von den verschiedenen Gestaltungen, welche die Sagenhelden
zu verschiedenen Zeiten erfahren haben, nur ein verschwom-
menes Bild erhielten. Daher können sie dieses Bild auch
nur in verschwommenen Zügen wiedergeben. So kommt es
z. B., dass Carl d. Gr. in unserem Gedichte bald mit weissem,
bald mit grauem und bald mit gemischtem Haar dargestellt
wird, dass er auf der einen Seite ein gepriesener und mächtiger
Kaiser, auf der anderen ein schwacher Regent ist, dass er
auf der einen Seite als ein Herrscher mit menschlich fühlen-
dem, auf der anderen Seite als ein Herrscher mit fühllosem
Herzen erscheint. In derselben Weise sind die scharfen
Widersprüche im Charakter Roland's, Olivier's, Ogier's,
Huidelon's und anderer zu erklären, Widersprüche, auf die
ich hier nicht besonders eingehen will, weil sie bei den
einzelnen Personen in meiner Darstellung von selbst ins
Auge fallen werden.

In den homerischen Gesängen begegnen wir solchen
Widersprüchen selten, dem Verfasser [1]) derselben sind die
Gestalten der Sage in Fleisch und Blut übergegangen,
und durch hohe Kunst weiss er den Helden, die er darstellt, von Anfang bis zu Ende der Dichtung einen einheit-

---

[1]) Wenn ich von einem Verfasser der homerischen Gesänge ganz
allgemein spreche, so geschieht dies unbekümmert um die Frage, ob
dieselben von einem oder mehreren Verfassern herrühren.

lichen und constanten Charakter zu geben. Ich erinnere nur an Gestalten wie Odysseus und Achill in den homerischen Gesängen.

Ehe wir nun zur Charakteristik selbst übergeben, müssen wir zunächst ein Prinzip aufsuchen, nach welchem sich die Aufeinanderfolge der Personen in unserer Abhandlung richten soll. Da die Idee, aus welcher der „Gui de Bourgogne" hervorgegangen, ganz dieselbe ist, wie diejenige des Rolandsliedes, so ist klar, dass in beiden Chansons die Personen im Allgemeinen dieselben sind, dass also auf der einen Seite Franken, auf der anderen Seite Sarazenen, auf der einen Seite Christen, auf der anderen Seite Heiden einander gegenüber gestellt sind. Dass aber diese Theilung der Personen vom ethnographisch-religiösen Gesichtspunkte aus im Rolandsliede nur eine äussere ist und nicht zum Eintheilungsprinzip für eine Charakteristik der Personen gemacht werden kann, ist von Graevell[1]) zur Genüge erläutert worden. Was aber vom Rolandsliede in dieser Hinsicht gilt, können wir auch vom „Gui de Bourgogne" sagen; denn auch hier ist eine prinzipiell verschiedene Schilderung der christlichen Franken und der heidnischen Sarazenen nicht gegeben.

Ergibt aber die Trennung der Personen nach Religion und Stammesangehörigkeit in unserer Dichtung kein Eintheilungsprinzip, so kann auch die Scheidung nach dem Alter, welche in der chanson de Roland ein massgebender Grund zur Aufstellung besonderer typischer Figuren ist,[2]) im „Gui de Bourgogne" nicht mehr als solcher Grund gelten, da hier der Gegensatz von alten und jungen Personen deshalb rein äusserlich ist, weil der Dichter desselben, wie leicht ersichtlich, aus rein äusseren Gründen bedurfte. Es bleibt uns daher nur übrig, die Personen wie Personen in einem Drama nach ihren Rollen zu betrachten und zu gruppiren und diejenigen Personen, welchen dieselbe Rolle zuertheilt ist,

---

[1]) a. a. O. p. 4—7.
[2]) a. a. O. p. 8.

zusammenzustellen. Auf diese Weise lassen sich folgende Kategorien aufstellen:

I. Ritterliche Gestalten: Carl d. Gr., Gui de Bourgogne und Danemont.

II. Treue Rathgeber: Naimes und Bertrand.

III. Rebellen: Roland, Olivier, Ogier und Richard.

IV. Verräther: Huidelon, Ganelon und Dragolant.

V. Streitbarer Geistlicher: Turpin.

VI. Dolmetscher: Boïdans von Carsaude, Boïdans von Luiserne und Floriant von Nubien.

VII. Die heidnischen Paladine (ausgenommen die unter I, IV und VI genannten).

VIII. Die zwölf Pairs.

IX. Die französischen Edlen aus der Umgebung Carls d. Gr.

X. Die französischen Edlen aus der Umgebung Gui's.

XI. Die Frauengestalten.

XII. Der Thürhüter Huidelon's.

Jeder Charakteristik werden die der betr. Persönlichkeit beigelegten, auf physische, moralische etc. Eigenschaften bezüglichen Epitheta vorangestellt und zur Vergleichung die auf dieselbe Persönlichkeit bezüglichen Epitheta des Rolandsliedes beigefügt werden. [1])

---

[1]) Zur Zusammenstellung der Epitheta im Rolandsliede benutzte ich die Ausgabe von Th. Müller, Göttingen 1878, sowie die Abhandlung von Graevell und die Dissertation von Drees: Der Gebrauch der Epitheta ornantia im altfranzösischen Rolandsliede. Münster 1883.

Capitel I.

Ritterliche Gestalten.

Carl d. Gr., Gui de Bourgogne, Danemont.

§ 1.

Carl d. Gr.

A. Die Epitheta Carls d. Gr. im „Gui de Bourgogne".

a. Auf physische Eigenschaften bezügliche Epitheta.

li vieus (407), le viellart (1061. 3065), le viel chanu (2521), le viellart o le guernon mellé (1370), o le flori guernon (1900), à la barbe florie (1757. 3735), au poil blanc (143), au poil ferrant (140. 2646), au poil mellé (1340. 2154), au vis cler (506. 4236), au vis fier (686. 1179. 1228. 1486. 1874. 3158. 3720), à la chere menbrée (4263).

b. Auf moralische Eigenschaften bezügliche Epitheta.

Karlemaine (505. 686. 1651. 1900. 3158. 4236), li ber (der Degen 1208. 1703), li proisiés (der Gepriesene 1254), l'empereres proisiés (1232), li fors rois droituriers (1521. 1538. 1850. 1878. 3025. 3102), li

B. Epitheta Carls d. Gr. im Rolandsliede.

a. Auf physische Eigenschaften bezügliche Epitheta.

li vieilz (905 = V_7. 929 = V_4 881. 1171 V_7 = 2807. 970 = V_7 n.) mult viels (523), canuz e vielz (538), canuz e blancs (551), li vielz à la barbe flurie (970), ki ad la barbe flurie (2353), li reis à la barbe canue (3654), ki ad la barbe canue (2308), ki ad la barbe blanche (2334).

b. Auf moralische Eigenschaften bezügliche Epitheta.

Carlemagne (70. 354. 522. 1422. 1842. 2380. 2546. 2621. 2732. 2807. 2846. 3092. 3451. 3543. 3554. 3602), li magnes (703. 841. 905. 1404. 1732. 1949), li reis magnes (3622. 3611), li reis poesteïfs (460.

roi coruné (3. 217. 333. 367. 615. 1338. 1431, 1546. 2182. 2072. 3006. 2921). Karlemaines li ber (1651), l'empereres ber (4081), gentils (1208), nobilies (4047), li menbrez (982), le sené (3911).

li gentilz reis, li magnes (2321), li reis, nostre emperere magnes (1), li empereres riches (718), li ber (430. 531), ber e riches (2354), balz c liez (96), cumbatanz (= V_7 C. Kämpfer 2737), vassals (= 3759 = P. Held), fiers (kühn 56 = V_7. 28 = V_7 3654, in P. V. V_4 ber), orguillus, fier (28) le rei orguillus (3132), merveillus hom (370).

c. Epitheta zur blossen Bezeichnung des Standes.

li rois (881. 1494. 2112. 2952), rois de France (1006. 1397. 3755, 3766), rois des Francs (2298), rois qui France a à bailler (415. 1529), roi de Saint Denis (438. 456. 931. 1590. 2779. 3069. 3084. 3193. 3459. 3740), li empereres (165. 183. 268. 658. 838. 1208. 1242. 1444. 1757. 4011. 4016. 4074. 4092. 4172. 4176), l'emperere de France (3788. 4088), l'empereor (955. 1155. 1896. 2947. 3494).

c. Epitheta zur Bezeichnung des Standes.

li reis, resp. le rei (81. 116. 280. 635. 705. 755. 782. 1714. 2892. 3451. 3543. 3750. 4000), li empereres, resp. l'emperere (139. 163. 168. 180. 193. 214. 271. 274. 331. 531. 669. 706. 740. 771. 783. 1114. 1459. 1796. 1812. 1860. 2105. 2398. 2755. 2974. 3935), de France l'emperere (447), li empereres de dulce France (16. 3579), ki dulce France tient (116), ki France ad en baillie (94), li reis, l'emperere des Frans (2258).

d. Epitheta in Anreden.

biax dous sire (94), biaus sire (136. 687. 1549), dans viels (1402), damoisiaus debonaires (1066), empereres frans hon (1135), drois emperere ber (3794).

d. Epitheta in Anreden.

dreiz emperere (329. 2441), chiers sire (2441).

C. Charakteristik Carls d. Gr. im „Gui de Bourgogne“.

Carl d. Gr. ist in unserem Gedichte, wie in der Chanson de Roland, der „geistige Mittelpunkt" und Träger der ganzen Handlung. Mit ihm beginnen wir daher auch unsere Darstellung.

Betrachten wir zunächst das Aeussere unseres Helden. Carl, „der Sohn Pipins" (713), erscheint als ein Greis mit langem (4284), tief auf die Brust herabwallendem Barte (1394). Die Farbe des Bartes ist weiss, weshalb Carl „der Alte" (407) oder „der Greis (1061. 3065) mit dem weissen Barte" (à la barbe florie, 1757. 3735) genannt wird. Auch trägt er einen Schnurrbart, dessen Farbe einmal als „weiss" (= flori 1900), ein ander Mal als „gemischt" (= mellé 1370) angegeben wird. Ebenso wird sein Haupthaar bald als „weiss" (blanc 143), bald als „eisengrau" (ferrant 140. 2646), bald als „gemischt" (mellé 1340. 2154) bezeichnet. Mit Bezug auf die graue Farbe seines Haares heisst Carl selbst „le viel chanu" (2521).

Trotz des hohen Alters ist der Kaiser ein rüstiger Recke mit gewaltiger, „vierschrötiger" Faust (1409), hellem und kühnem Antlitz. Der Dichter nennt ihn daher „Karlemaine au vis cler" (506. 4236) oder „au vis fier" (686. 1179. 1228. 1486. 1874. 3158. 3720). Diese ritterliche Gestalt ist es, welche den ihm Nahenden Ehrfurcht und grösste Hochachtung gebietet: kniend meldet ihm ein „Page" das Heranrücken des Sarazenenheeres (3766), kniend bittet ihn Gui um Verzeihung (3956), und folgsam erwiedern die Unterthanen seinen Befehlen „A vostre volenté" (1190), „Tot à vostre commant" (4062), „Si com vos commandez" (1195. 1319. 4127), „Com vos plera si ert" (1473) oder „Bien fait à otroier" (1222. 1309).

Der Hoheit seiner Gestalt entsprechend ist auch das, was Carl angehört, durch hohen Glanz ausgezeichnet. Die „Knäufe" (pomel) seines Bettes strahlen von Gold (147—48). Die Rüstung des Kaisers ist allerdings nicht so prunkvoll geschildert, wie im Rolandsliede. Dort ist „sein Helm reich mit Gold geschmückt" (2500), sein Panzer glänzt ebenfalls von Gold (2499); sein Schwert „Joiuse", das in Frankreich verfertigt ist (3615), hat nicht seines Gleichen, es schimmert täglich in 30 Farben (2502) und leuchtet hell in der Sonne (2990); in seinem Griffe befindet sich das Eisen der heiligen Lanze, eine Ehre und ein Vorzug, dem das Schwert seinen Namen verdankt [1]." Wenn aber auch in unserem Gedichte all' diese Attribute von der Rüstung Carls gefallen sind, so ist doch sein Glanz immerhin so gross, dass er als „gepriesener" Kaiser (1232) und „mächtiger, gekrönter König" (3. 217. 353. 367. 615. 1338. 1431. 1546. 2072. 2182. 3006) vom Dichter bezeichnet wird.

Wie aber Carl nicht immer als der gleiche erscheint, so lässt ihn der Dichter auch nicht immer das gleiche Ansehen geniessen. Werden auf der einen Seite seine Befehle sofort befolgt, so wird denselben auf der anderen Seite manchmal widersprochen. Ogier widersetzt sich den Anordnungen des Kaisers aufs heftigste (37—48); Roland spottet sogar darüber (1037—41. 1061—62) und Olivier stimmt in jene Spötteleien ein und widerspricht dem Kaiser in der sonderbarsten Weise (1047—59). Auch das Auftreten Bertrand's gegen den Kaiser (cf. 1007—21) widerspricht gewaltig der vorhin gegebenen Schilderung von der Hochachtung und Ehrerbietung, welche die Gestalt Carls den Nahenden einflösst.

Mag aber auch der äussere Glanz von Carls Gestalt noch so sehr abgestreift sein, so bleibt seinem Wesen doch die Würde und Hoheit eines Kaisers eigen. Schon aus seinen Worten spricht diese hohe Majestät seines Wesens, man merkt, dass sie nicht aus dem Munde eines gewöhnlichen Mannes kommen, sondern aus dem eines Fürsten, der wohl überlegt hat, was er sagt. Durch die Weisheit, die sie in sich schliessen, machen sie auf diejenigen, an welche sie gerichtet sind, einen tiefen Eindruck. Ehe der

---

[1] Graevell. a. a. O. p. 49.

Kaiser etwas sagt, „sinnt er mit reicher Erfindungskraft nach," (1406) und hält das Kinn gesenkt (961). Ist er über das, was er sagen will, schlüssig geworden, so erhebt er das Haupt wieder und beginnt zu reden (1022—23. 1079—80. 3779). Würdevoll erhebt er sich, um den Frauen Frankreichs seinen Beschluss mitzutheilen, und er spricht, wie ein Edler (4047. vgl. auch 1272). Auch versteht er es nach Art der Dolmetscher in griechischer Sprache zu reden (1373). Um seinen Worten stärkeren Nachdruck zu verleihen, betheuert er sie mitunter durch einen Schwur „beim hl. Dionysius" (49. 999) oder „bei meinem weissen Barte" (56. 97. 132) oder auch „bei meinem Haupte" (143). Will er aber von anderen etwas erfahren, so ermahnt er sie, sich zu hüten, ihm etwas zu verheimlichen (990. 1246).

Allerdings kommt uns das Auftreten Carls in anderer Beziehung auch wieder kleinlich vor. Fast mit dem Tone eines Greises in der Comödie spricht er, wenn er auf die heftigen Vorwürfe Bertrand's sagt: „Beim hl. Dionysius! Ihr habt Recht, Baron." (977.) Hierzu kommt, dass seine Würde unter den häufigen Gemüthserregungen vielfach leidet. In seiner Erregung springt er schnell auf (963), zürnt oder ist „voll von Zorn." (54. 714. 726. 749. 1116. 1528. 1580. 2780. 2782. 3712. 3714. 3864.) Er rast sogar fast vor Zorn (110) und geht so weit, dass er „seinen Neffen Roland mit dem Handschuh beinahe über die Nase gehauen hätte." (1046.) Die Gemüthsstimmung des Kaisers ist im „Gui de Bourgogne", abgesehen vom Schluss der Dichtung, eine finstere und niedergeschlagene. Er wird als ein tiefsinniger Greis dargestellt, dem nicht einmal der Schlaf Ruhe lässt, weil ihn seine Gedanken zu sehr beschäftigen (149) oder weil er vor Zorn zu aufgeregt ist (3175). Sein Herz ist meist traurig: die Gesandten Gui's finden ihn vor dem Zelte wie einen „wahrhaft traurigen Mann" (943). Zorn und Traurigkeit sind gewöhnlich in ihm vereinigt (cf. 1528. 1530. 3172. 3174), und nicht selten weint er in seiner Trauer (727. 745. 796. 1477. 3746). Hat aber seine

Trauer den höchsten Grad erreicht, so fällt er in Ohnmacht (3869).

Erklärlich ist ja diese Gemüthsstimmung des hochbetagten Kaisers aus dem vielen Ungemach, welches ihn trifft. Nur selten hebt sich ihm das Herz vor Freude (3922). Sein Gesicht klärt sich auf, als er seine lieben Barone von der Gesandtschaft zu Gui unversehrt zurückkehren sieht (3135), als er den stattlichen jungen König erblickt, der ihm Hülfe bringen soll (3922), sodann als der Engel Gabriel ihm eine fröhliche Nachricht bringt (4108), und als er die Kunde von der Eroberung Luiserne's erhalten hat (4266. 4270). Freudestrahlend und zugleich Thränen in den Augen (4271) ruft er aus: „Nun habe ich genug gelebt!" (3923.)

Nach diesen Erörterungen werden wir die Stimmung des Kaisers nicht mehr, wie im Rolandsliede, als „ein glückliches Gemisch von Ernst und Heiterkeit" bezeichnen können.

Haben wir bis jetzt die Gestalt, das Auftreten und die Gemüthsstimmung Carls d. Gr. betrachtet, so wollen wir ihn nunmehr in seiner Eigenschaft als obersten Anführer im Kriege darstellen. Unter seinen kriegerischen Eigenschaften sind an erster Stelle Tapferkeit und Muth hervorzuheben. Zwar wird uns Carl nicht kämpfend vorgeführt, aber aus der ganzen Schilderung gehen doch diese Tugenden zu deutlich hervor. Er hat die Stadt Nobles genommen und ihren König Forré getödtet (8), er hat die Länder Spaniens weit und breit erobert (13): von Huissant-sur-mer bis nach Saint Gilles, vom Montjeu bis nach Galicien und wieder bis nach Rom gibt es keine Stadt, die er nicht durch Gewalt und Tapferkeit erobert hätte (63—67). Zuerst bezwang er Bordeaux mit „Schwert und Stahl", dann Ais in der Gascogne, welches dem alten Forré gehörte, dann brach er die Macht von Asturien und Navarra und nahm die Städte Groing, Estoile und Pampelune (1853—60). Natürlich ist dadurch sein Kriegsruhm über ganz Spanien verbreitet und seine Person gefürchtet: der heidnische König Aquilant hat sich aus Furcht vor ihm im Inneren sei-

nes Palastes eingeschlossen (1369). Im Uebrigen geht Carls
Muth auch daraus hervor, dass er nie zögert, wenn das
Signal zum Angriff gegeben wird, sondern sofort gerüstet
dasteht (3883). Auch heisst er seine Barone sofort die
Waffen ergreifen, als das vermeintliche Heer der Sarazenen heranrückte (771. 781). Wegen seiner Tapferkeit wird
er „ber" (1208. 1651. 1703) und „empereres ber" (helden-
hafter Kaiser 4081) genannt.

Dass Carl zuletzt nichts mehr in Spanien auszurichten
vermag, wirft keinen Schatten auf seine Tapferkeit, vielmehr haben wir in dieser Thatsache Gelegenheit, eine zweite
hervorragende Kriegstugend an ihm zu beobachten, nämlich
seine unerschütterliche Ausdauer. Trotzdem er nämlich
„27 volle Jahre" (4. 33. 58) unter beständigen Kriegen seinen Körper in den fremden Ländern abgemüht hat (414),
trotzdem „sein Leibrock zerrissen und seine Brünne zer-
stückelt ist" (60), und trotzdem er „zottiger ist als eine
Ziege und eine Hirschkuh" (61), will er doch lieber alle
Tage seines Lebens in Spanien kämpfen, als die Oberherr-
schaft über die fünf noch nicht eroberten Städte (103 bis
106) Spaniens nicht besitzen (133). Und welche Strapatzen
sehen wir nunmehr den alten Kaiser dulden! Kein einziger
Tag vergeht, an welchem er nicht „zwölf grosse Meilen"
(170) marschirt. Er zieht „durch Thäler, über Höhen und
Wiesen, durch Regen und Sturm, durch schönes und heite-
res Wetter" (186—88); „Hände und Kniee (335), Beine,
Füsse und Gesicht" schwellen ihm an (715); die „Haut seiner
Füsse wird schwarz" (716), und er selbst kann kaum noch
auf dem Pferde sitzen (336, vgl. auch 750. 3600—3602).
Trotz alledem wird er nicht entmuthigt, selbst nicht als ihm
die Nachricht von dem Heranrücken des gewaltigen Marsilies gemeldet wird (cf. 1069—78). Er harrt vielmehr als
wackerer Recke standhaft bis zur Erreichung seines Zieles
aus, wenn er auch erst durch einen anderen Helden zu
demselben gelangt.

Ausser Muth, Tapferkeit und Ausdauer finden wir in

Carl d. Gr. aber auch Umsicht und Plan in Unternehmungen. Wo nöthig, greift er auch zur List, wobei er allerdings nicht selten die grössten Gefahren läuft. Als er Luiserne nach langer Belagerung nicht nehmen kann, legt er ein Mönchsgewand an und geht so durch die Strassen der Stadt, beschaut der Länge und Breite nach die Festungsmauern und findet, dass sie nicht erstürmt werden können (1445—48). Weil daher alle Bemühungen seiner Krieger unnütz sind, kehrt er schnell zum Heere zurück und macht dem Angriffe ein Ende (1456). Ferner sucht er sich vor dem Angriff Auskunft über die Stärke des Feindes zu verschaffen: er schickt Ganelon mit einer Truppe in die Gebirge, um auszuspähen, ob er die Sarazenen sehe; wenn er etwas bemerke, „was ihm nicht angenehm sei“, so solle er zurückkehren und die Nachricht melden (3814—18).

Haben wir bis jetzt Carl d. Gr. als Kriegsherrn kennen gelernt, so betrachten wir ihn nunmehr als Regent. Zu den Berathungen zieht er seine Barone und die Edelsten seiner Umgebung, namentlich die zwölf Pairs, herbei. Diesen theilt er alsdann seine Beschlüsse mit (cf. 12—30) und ersucht sie um Darlegung ihrer Ansichten. In wichtigen Angelegenheiten fordert er die Edlen geradezu auf, ihm zu rathen (1088. 3781). Findet eine Ansicht seine Billigung, so handelt er darnach, ohne etwas Weiteres darüber zu sagen, und nur mitunter drückt er seine Zustimmung in Worten aus (cf. 3812). Entspricht dagegen ein Rath seinem Gutdünken nicht, so widerspricht er demselben mit aller Energie, indem er ganz knapp antwortet und seinem eignen Willen gemäss handelt (cf. 143). Findet er einen Rath ungerecht und böswillig, so zürnt er über den Urheber desselben (cf. 1116). Trotzdem der Herzog Naimes durch seine guten Rathschläge sich auszeichnet, so leuchtet Carls Ueberlegenheit im Rathe doch über ihn hervor. Carl hat gewissermassen einen prophetischen Blick, wenn er Bertrand als den Sohn Naimes' (1176), Bérart de Mondisdier als den Sohn Tierri's (1183) und Gui als den Sohn

Wir kommen nunmehr zur Betrachtung der übrigen moralischen Eigenschaften Carls d. Gr. Unter diesen ist zunächst Frömmigkeit als diejenige Tugend hervorzuheben, von welcher der Kaiser ganz beseelt ist. Dafür spricht schon die ganze Idee, welche unsere Chanson erfüllt. Carl kämpft mehr als 27 Jahre in Spanien, um den Götzendienst der heidnischen Sarazenen zu vernichten und den Glauben an den Erlöser an seine Stelle zu setzen. Von diesem Gedanken ist Carl so durchdrungen, dass er nicht eher an die Rückkehr nach dem „süssen" Frankreich denkt, als bis er das Christenthum in ganz Spanien gesichert weiss (15). Er will lieber alle Tage seines Lebens in Spanien verbringen, als auch nur einen Theil der Bewohner dem Heidenthum überlassen (133). In dieser Hinsicht erscheint Carl, wie im Rolandsliede, als „ein kriegerischer Frohnbote, der auf speciellen Geheiss Gottes den Ungläubigen entgegentritt. Daher blicken auch die Christen in den fernsten Ländern auf ihn als ihren einzigen Retter in der Noth (3998). Sein Hass gegen die Heiden ist unversöhnlich. Er darf, wie er selbst während des Zweikampfes mit Baligant äussert, mit Heiden nicht in Frieden und Freundschaft leben (3596). Daher ist auch immer die erste Friedensbedingung für einen Sarazenen, dass er das Christenthum annehmen muss. (431. 471. 3597—99 = V7. VPV4).[1]" Seiner Frömmigkeit verleiht Carl in unserem Gedichte Ausdruck, indem er eine Pilgerfahrt zum Grabe des hl. Jakobus unternimmt, wo er sein Gebet verrichtet und eine Opfergabe darbringt (4174). Will er einen Wunsch erfüllt haben, so wendet er sich unter Gebet an Gott (795. 3144. 4289—91). „Wohl zwanzig Gebete liess er an einem Tage vor Carsaude zum Himmel steigen." (932). Droht ihm Gefahr, so betet er zum Allerhöchsten, er möge Gnade mit ihm haben (3863) und ihm helfen nach seinem heiligen Willen (734). Als ihn Boïdans zu vernichten droht, fleht

---

[1] Graevell, a. a. O. p. 54—55.

er zum glorreichen Vater, er möge ihn nach seiner Güte
retten (1349—51). Aber nicht allein für sich, sondern auch
für andere erfleht er den Beistand Gottes. Entlässt er die
Krieger zu einem gefahrvollen Unternehmen, so empfiehlt
er sie dem Schutze des Allmächtigen (cf. 816—17). Ebenso
verabschiedet er die Gesandten Gui's, nachdem er sie zuerst
Gott empfohlen, der an's Kreuz geschlagen wurde (1274).
Auch dankt er Gott für empfangene Wohlthaten (3923. 4299).
Uebrigens ist neben dieser Frömmigkeit sein Gottvertrauen
so gross, dass schon das blosse Gebet im Stande ist,
ihm seine verlorenen Kräfte wiederzugeben (1364). Auch
im Rolandsliede ist „seine Zuversicht auf die Hülfe uner-
schütterlich. In seinen Kampfreden tritt gewöhnlich der
Gedanke an die Superiorität des christlichen Glaubens über
den heidnischen wieder. (cf. 3338. 3413.)" [1])

Da Carl seine Thaten im Dienste Gottes ausführt, so
hat der Dichter ihn mit dem Himmel auf vertrauten Fuss
gesetzt: die Engel duzen ihn (cf. 152. 1362. 4096). Ueberhaupt lebt der Kaiser im Uebernatürlichen und im Wunder;
er scheint nicht dieselbe Luft zu athmen, wie die anderen
Menschen. Ein Engel tritt zu ihm heran, um ihm die Befehle Gottes zu überbringen und ihm die Zukunft vorher-
zusagen (152—62). Ein Bote Gottes fordert ihn auf, zum
Grabe des hl. Jakobus zu wallfahrten, und zeigt ihm abermals zukünftige Ereignisse an (4096—4107). Der hl. Gabriel flüstert ihm, als er sich in Lebensgefahr befindet, ins
Ohr, er solle keine Furcht haben, denn der werde ihn leiten, der ihn nach Spanien gebracht habe (1361—63). Carl
schaut sogar Gott in unmittelbarer Nähe: der Himmel öff-
net sich seinen Augen bis zur Majestät, und er sieht ein
heiliges Kreuz, welches grosse Helle verbreitet; vier geflü-
gelte Engel halten es an den Seiten (1355—58).

In gleicher Weise steht Carl im Rolandsliede mit Gott
in direktem Verkehr. „Der Erzengel Gabriel umschwebt ihn

---

[1]) Graevell, a. a. O. p. 55.

auf Schritt und Tritt, er bewacht ihn die ganze Nacht im
Schlafe (2528 = P. V₇. 2847); er sendet ihm auf Geheiss
Gottes Träume, um ihm die Zukunft anzuzeigen (839 = V₇.
2529 = P.) Beim Erwachen des Kaisers macht der Engel
das Zeichen des Kreuzes über ihn (2848 = V₄). Auch im
Kampfe verlässt er ihn nicht, er erscheint bei Roncevaux,
um ihm die Gewährung seiner Bitte zu verkünden (2452
= V₇); in der Baligantschlacht rettet er ihn auf den Befehl Gottes vor dem sicheren Tode. (3610 = P.)" [1])
Aus besonderer Liebe zu Carl wirkt Gott im „Gui de
Bourgogne" das Wunder der Zerstörung Luiserne's (4292—97).
Im Rolandsliede „lässt Gott die heissen Quellen zu Aachen
für ihn entstehen (154); es wird ferner erzählt, wie er ein
grosses Wunder für ihn thut, indem er auf sein Gebet hin
die Sonne in ihrem Laufe hemmt (2458 = V₇C)" [2]).

Eine weitere hervorragende Eigenschaft in dem Charakter Carls ist seine Güte. Ist er als Krieger hart, so hat
er doch auch ein menschlich fühlendes Herz. Daher duldet er nicht, dass die Frauen, welche von den „Kindern"
nach Spanien gebracht worden sind, an den grossen Leiden,
die ihm und seinen Baronen bevorstehen, theilnehmen, sondern schickt sie nach Frankreich zurück (4051), so traurig
er auch ist, als er sich von ihnen verabschieden muss (4071).
Vorher hat er jedoch diejenigen Frauen, deren Gatten gefallen waren, wieder verheirathet (4011) und den Gatten
acht Tage gewährt, um ihre Frauen zu trösten (4018). Aus
seiner Umgebung liebt er am meisten die Barone: er hat
Mitgefühl mit ihren Leiden (25), denn „zu vieles müssen
sie erdulden" (174). Er möchte lieber sterben, als von seinen Baronen gehasst sein (790). Er küsst den Herzog Naimes, Samson und Renier, erfreut ob des Wiedersehens
(3136). Neben diesen haben aber auch die Geringsten aus
dem Heere Theil an seiner Güte. Die bösen Rathschläge
Ganelon's verachtend, vertheilt er die von Gui gesandten

---

[1]) Graevell, a. a. O. p. 56.
[2]) Ib. p. 56.

Lebensmittel in gleicher Weise unter „die Armen und Mächtigen nach seiner Macht und Güte" (1169). Gui selbst ist ihm aber, sobald er von seinen redlichen Absichten überzeugt ist, der liebste Mann unter dem Himmel. Sein Herz verlangt daher sehr nach ihm (3753), und als er ihn zum ersten Male sieht, streckt er beide Arme aus, fällt ihm um den Hals (3951) und küsst ihn zart (3955). Er gibt ihm dann ganz Spanien zur Verwaltung (4088) und lässt ihm die Krone „alle Tage seines Lebens" (3975). In gleicher Weise zeigt er seine Güte gegen die Gesandten Gui's indem er bei ihrer Entlassung „aus beiden Augen seines Kopfes" weint (1476—77), ferner gegen die Sarazenenkönige Huidelon und Escorfaut. Nachdem diese nämlich die Taufe angenommen haben, ist kein Grund vorhanden, warum er sie nicht lieben könnte, und gibt ihnen deshalb ihre Länder zurück (4084—86).

Neben diesen lobenswerthen Tugenden besitzt Carl aber auch gewaltige Schwächen. Dass er sich vom Zorn hinreissen lässt und dass dieser Zorn sich fast zur Raserei steigert, habe ich bereits ausgeführt. Noch hervorzuheben ist seine Hartherzigkeit, welche zu seiner Güte in scharfem Widerspruch steht. Diese unedle Eigenschaft seines Charakters offenbart sich zunächst in seinem Benehmen gegen die Gascogner und Angeviner. Trotzdem diese nämlich 27 Jahre hindurch für ihn gestritten haben, und trotzdem er selbst weiss, dass sie zu viel für ihn erduldet haben, so droht er ihnen und ihrem ganzen Geschlechte dennoch das harte Loos der Sklaverei an, wenn sie von seiner Erlaubniss, in die Heimath zurückzukehren, Gebrauch machen würden (179—80). Und als nun die Gascogner und Angeviner, welche in seinem Heere sind, wirklich den Abschied nehmen, lässt er sie alle aufzeichnen, um seine Drohung zu erfüllen (184). Ebenso grausam klingen die Worte, mit welchen er Gui das Ende seines Lebens androht (cf. 1002—1003). Uebrigens scheinen auch die „Kinder" von dieser Seite in dem Charakter Carls d. Gr. unterrichtet zu sein; denn die

Worte, in welchen er von Bertrand (1905—1007), Estout (1930—40) und Turpin (1956—63) dem heidnischen König Huidelon geschildert wird, zeigen uns ihn nur von einer hartherzigen, ja sogar barbarischen Seite.

§. 2.
Gui de Bourgogne.

A. Epitheta Gui's.

a. Auf physische Eigenschaften bezügliche Epitheta.
li enfes, resp. l'enfes (282. 376. 463. 502 etc.), jone enfant (4059), li jones querones (3921), le jone roi (4121), le jone chevalier (2096), mult biau bachalier (1033), à la chiere hardie (3185).

b. Auf moralische Eigenschaften bezügliche Epitheta. li riches rois proisiés (3148), riche roi (887), chevalier proisié (3138), chevaliers de pris (2815. 3450. 3453), le meillor chevalier (3339), qui le cuer ot hardi (432. l. c. o. fier 537), noble chevalier (589), bons chevaliers (2247), boins chevaliers et plains de loiauté (994), chevalier vaillant (3330), chevaliers menbres (2594), seignor le vaillant (3677), baron (587), le guerrier (740. 1089. 1296. 1307. 1469), le bacheler (1352), gentil bacheler (2739. 3912), le combatant (2645), bons justicier (1036), gentils et ber (1621) gentils rois (3864. 4203), mult gentils hon (1914. 3083), preus et ber (2682. 2931), preus et senés (3974), preus (2925), vassaus esprovés (2667), hons Karlemaine (1878), anpliés (2247), mult amanevis (hitzig 2471), bien esprovez (1990), li senés (2437), li marchis (3252), vallet (218).

c. Epitheta zur Bezeichnung des Standes.
rois coronez (289), li rois, resp. le roi (592. 877. 906. 1589. 1870. 2572 etc.), le roi de France (2893), rois de France la garnie (534. 541).

d. Epitheta in Anreden.
dans rois (4239), sire rois (2038. 3083), biaus sire (286. 365. 1834. 2615), sire de Borgoigne (1595), sire enfes (435), sire Frans (2160. 2580), sire Guis de Borgoigne (2848),

gentieus rois debonaires (2999. 3733), damoisiaus debonaires (2745), frans chevaliers gentis (2848), vassaus (2407).

B. Charakteristik des Gui de Bourgogne.

Gui, der Sohn Samsons (218) und Neffe Carls d. Gr. (217), muss im Gegensatz zu dem alten Kaiser Frankreichs als ein jugendfrischer Mann aufgefasst werden. Er heisst auch das „Kind" (230. 234. 270. 282 etc.), das „junge Kind" (4059), der „junge Ritter, König oder Gekrönte" (2096. 4114. 4121. 3921).

Betrachten wir zunächst die Gestalt Gui's. Er ist ein Jüngling von edlem, wohlgestalteten Körper (2206). Es gibt „keinen schöneren Jüngling in Frankreich" (992). „Sein Haar ist blonder als Gold und Metall" (2210), „seine Augen sind gesprenkelt, wie die eines Kranichsfalken" (2209) und sein Gesicht trägt den Ausdruck der Kühnheit, weshalb er den Namen „Guion à la chiere hardie" (3186) trägt. „Seine Beine sind stark und lang, um auf dem Rosse zu sitzen" (2207) und „seine Haut ist weisser, als Silber und Crystall" (2208). Ueberhaupt ist sein ganzes Aeussere darnach angethan, einen Fürsten darzustellen, der grosse Macht besitzt (540).

Seiner Gestalt entsprechend, hat der Dichter auch das, was Gui zugehört, sein Ross und seine Rüstung als von ausnehmender Schönheit geschildert. Sein Ross stammt aus Orkanien (553) und ist ein preiswürdiges Streitross (4139). Sein Sattel ist vergoldet (2284). Von der Rüstung Gui's wird zunächst sein Helm hervorgehoben (388. 2187. 2253), der spitz ist (2503) und dessen Ecken mit Gold beschlagen sind (2504). An demselben befindet sich hinten ein Reif, woran mancher Edelstein sitzt (2578). Ausserdem ist Gui mit einem Panzer gerüstet (2178. 2353), der weiss und mit Safran besetzt ist (389). Seine Brünne ist stark (556); um den Hals legt er ein Hüfthorn (2268). Einen Degen trägt er an der linken Seite (2186. 2254), dessen Klinge mit Buchstaben verziert ist (2913). Die übrigen Theile seiner Rüstung bestehen in einem starken gebuckelten Schild (387.

2267), dessen Farbe bald als „aschgrau" (537), bald als weiss
(555) hingestellt wird, einem harten Spiess (558), dessen
Eisen zugespitzt ist (2269. 2442), und einer starken Lanze
(600), die gerade ist (557) und woran Fähnchen mit drei
Nägeln von feinem Golde befestigt sind (2270). Der Schild
zeigt in der Mitte ein grosses goldenes Kreuz (538). Als die
Sarazenen den jugendlichen Gui so gerüstet sehen, sagt der
eine zum anderen: „Seht, wie schön er gewaffnet ist!"(2281).

Hervorragend, wie sein Aeusseres, ist auch das Auftreten des jungen Königs gegenüber den Kindern. Er ist
sich seiner königlichen Würde wohl bewusst, nimmt daher
auch königliche Verehrung in Anspruch, wenn ihm auch
die Krone „wider seinen Willen" auf's Haupt gesetzt worden ist (249. 394. 670. 2909), und sogar die Stunde, wo er
König geworden, von ihm verwünscht wird (2126). Weil
er gekrönter König ist, hat er seiner Mutter den zweiten
Wagen im Zuge der Frauen angewiesen (2930). [Im
ersten Wagen befinden sich die nächsten Angehörigen
Carls d. Gr.] — Er gibt sich selbst als König von Paris
aus (331. 444. 446), lässt Carl im Namen des Königs von
Frankreich grüssen (659) und zürnt nicht wenig, als Boïdans ihm nicht glauben will, dass er der König von St.
Denis sei (468).

Nach „Jesus dem Glorreichen und Carl, dem starken
gekrönten König", nimmt er unumschränkte Gewalt für sich
in Anspruch (2181—83). Ein Beispiel von der Ausübung
dieser Gewalt gibt er in v. 3065, wo er zu dem getauften
Huidelon sagt: „Ich gebe Euch Euer Land und Eure Herrschaft wieder." Uebrigens macht Gui nur in vernünftiger
Weise von dieser Gewalt Gebrauch, indem er nichts von
dem Reiche Carls an sich nimmt (251—52), sondern nach
Kräften für das allgemeine Wohl zu handeln bestrebt ist,
was namentlich in der Hülfe, die er Carl zu bringen
beschliesst, seinen Ausdruck finden soll (cf. 245).

Seinen Unterthanen gegenüber, als welche er die „Kinder" und auch die „Mütter" betrachtet, gebraucht er diese

Gewalt, um zu bestimmen, was sie zu vollführen haben
(cf. 238—42. 639—41. 560—62), und zwar behauptet er
ihnen gegenüber sein Recht mit grösster Energie. Er verlangt, dass man seinen Willen thue, und wer es versagt,
dem droht er, den Kopf herunterzuhauen (236—37. 642—43.
668—74. 2851—53. 3252—54. 3416—20). In dieser Forderung unbedingter Folgeleistung macht er keinen Unter-
schied der Person: er verlangt Gehorsam, wie „von jeder
anderen Frau, so auch von der Schwester Carls von St.
Denis und der schönen Alde, sowie von seiner eignen
Mutter" (cf. 273—77. 3076—78).

Die Folge von diesem energischen Auftreten ist, dass
sich ihm keiner zu widersetzen wagt, weder Bertrand (289)
noch die Frauen (1555. 1578). Die Kinder wagen nicht,
seinem Befehle zu widersprechen (1569). „Keiner ist so
kühn, dass er überhaupt zu sprechen sich unterstände" (2185),
wenn Gui seinen Willen kundgethan hat.

So energisch Gui's Benehmen gegen Altersgenossen und
gegen die Frauen ist, so höflich ist dasselbe den Aeltern
gegenüber. Er grüsst den alten Sarazenenkönig Huidelon
höflich nach Art eines stolzen Mannes (1871) und verbeugt
sich sehr vor ihm (2219). Nicht unterlässt er es, demselben,
wo nöthig, seinen Dank auszusprechen (3201. 3214. 3488).
Fast beschämt ruft er aus, als die Soldaten Carls ihm zum
Zeichen der Ehrerbietung zu Füssen fallen (cf. 3929—33):
„Hélas! com somes mal mené!
Ce déussons nos faire, qui somes li moisné!"
(3941—42). Seine Höflichkeit wird Carl gegenüber zur
völligen Unterwürfigkeit (cf. 3973).

Zweimal beweist er jedoch auch alten Personen gegenüber die ihm eigenthümliche Energie, nämlich v. 2910 gegen
Naimes, dem er droht, den Kopf vom Rumpfe zu trennen,
„wenn er ihm etwas sage, worüber er sich beschweren müsse
(2911) oder wenn er noch mehr frage" (2934), und v. 4234
bis 4237, 4243—47, 4274—77. 4281 gegen Roland, der ihm
in seine Rechte einzugreifen wagt.

Wie schon aus diesem energischen Auftreten Gui's in gewissem Sinne auch Unerschrockenheit hervorblickt, so tritt diese Eigenschaft noch mehr an anderen Stellen hervor. Ohne Rückhalt bezeichnet sich Gui vor dem feindlichen Sarazenenkönig Huidelon als einen „hons Karlemaine" (1878) und zeigt überhaupt in dem, was er vor dem „heidnischen Schurken" vorbringt, eine unübertroffene Kühnheit (1872 bis 1878). Auch sagt er dem heidnischen Gesandten Boïdans offen seine Absicht, Carsaude anzugreifen (454) und macht durch sein kühnes Auftreten einen solchen Eindruck auf diesen, dass er antwortet: „Wenn mein Rath Erhörung fände, so würde man Euch die Stadt ohne Wurf und Schuss übergeben" (468—69).

Wie Carl d. Gr., fügt Gui, wenn er auf die Beantwortung einer Frage Nachdruck legen will, die Worte bei: „Garde nel me celer" oder „noier" (354. 1489). Will er aber seine eignen Worte betheuern, so geschieht dies durch einen Schwur „bei seiner Krone" (383. 669. 1539) oder „bei der Treue, die er der Christenheit schulde und die er seinem Vater, dem Herzog Samson bewahren muss" (385—86), oder „beim hl. Dionysius, dem sein Haupt gegeben ist" (668).

In dem Auftreten Gui's ist sodann trotz der Jugend eine grosse Besonnenheit nicht zu verkennen. Diese äussert sich namentlich darin, dass er nichts sagt, ehe er es vorher reiflich erwogen hat (646. 2229). Er verschwendet keine unnützen Worte, antwortet vielmehr auf Fragen, die ihm nicht passen, kurz und bündig (cf. 1598—99). Dem zürnenden Roland sagt er ein „besonnenes Wort" (raison membreé 4280). Hört er eine unliebe Nachricht, so hält er das Haupt gesonkt (3518), sieht er aber etwas, was ihn interessirt, so erhebt er das Kinn (3507).

Im Uebrigen macht das Auftreten Gui's den Eindruck der heiteren Jugendfrische. Zum Ausdruck der Freude „stösst er ein Lachen aus" (3437). Nur selten wird er aus dieser heiteren Stimmung herausgetrieben. Traurig finden wir sein Herz, als Danemont sein Pferd getödtet hat (2625). Auch

ist er unwillig, als Boïdans ihm nicht glauben will, dass er
der König von St. Denis sei (463). Aber nur ein einziges
Mal geräth er in hohe Aufregung. Als nämlich die Frauen
ihm Vorwürfe machen, da „rast er fast und schwört aus
Zorn bei dem Kreuze, an welches Gott geschlagen wurde"
(267 — 71).

Nachdem wir so die Gestalt und das Auftreten Gui's
geschildert haben, gehen wir dazu über, denselben in seiner
Eigenschaft als Krieger darzustellen. Aus dem ganzen Bilde,
welches wir bis jetzt über seine Person und sein Auftreten
gewonnen haben, lässt sich wohl von vornherein vermuthen,
dass Gui als Krieger eine ganz bedeutende Rolle in unserem
Gedichte spielt. Sobald Kampf die Parole ist, läuft der
junge Degen schnell zu den Waffen und rüstet sich gut
(1673—74). In der Hand hält er das Schwert, welches er
sehr lieb hat (2575). Er leitet die Schlacht, indem er die
Krieger durch Zurufe ermuthigt (1994. 4159). Er ist der
beste Ritter, der je Waffen trug und ein Pferd bestieg
(3339—40). Daher wird er gewöhnlich mit einem lobenden
Beiworte, durch welches seine Ritterlichkeit hervorgehoben
wird, genannt. Solcher Beiwörter sind: le guerrier (der
Krieger 740. 1089. 1296. 1307. 1469), le combatant (der
Kämpfer 2645), li ber, resp. baron (der Held 587. 1621.
2682. 2925. 2931. 3912), le bacheler (der Schwertdegen
1352), oder gentil bacheler (edler Schwertdegen 2739),
vassaus esprovés (erprobter Kampfheld 2667), li marchis (der
Grenzgraf 3252), bons chevaliers (wackerer Ritter 994), le
chevalier proisié (der gepriesene Ritter 3138, ebenso le
chevalier de pris 2815. 3450. 3453), le chevalier vaillant
(der streitbare Ritter 3330) und seignor le vaillant (streitbarer Gebieter 3677). Sehen wir nun zu, wodurch sich der
junge Held all' jene Benennungen verdient, so können wir
kurz Folgendes sagen: unermüdliche Kampflust treibt den Ritter rastlos zu der Laufbahn des Krieges; unerschütterlicher
Muth hält ihn auf derselben fest; Tapferkeit und Stärke ebnen
ihm überall die Wege zum Siege; Umsicht endlich sichert

ihm den Erfolg. Die Begründung dieser Sätze sei Gegenstand unserer Untersuchung.

Im Ertragen von Strapatzen steht der junge Frankenkönig erstaunenswerth da: er ist in aller Frühe „beim Morgen-
roth, wenn die Sonne aufgeht, schon angekleidet und gerüstet"
(282. 680). Tag und Nacht reitet er ohne Unterlass (1606).
Auf Märschen hält er nie inne (cf. 1749). Drei Tage lang
hat er im Palaste Huidelon's nichts gegessen (2215), so dass
er „sehr bleich ist vor Hunger und Fasten" (2211—12).

Im Kampfe selbst hält er sich wacker gegen die heftigen
Hiebe der Feinde (557). Er sitzt zu Ross (392. 4139) und
lässt dasselbe jagen (553). Kühn ist sein Herz (432) und
wild sein Muth (597). Gut zeigt er sich im Kampf (1990)
und hält sich nach Art eines Ebers (1992). Nichts vermag
seinen Entschluss, Montorgueil anzugreifen, zu erschüttern,
weder die Schilderung von der Unmöglichkeit der Einnahme
(cf. 1503—14), noch die Thatsache, dass der sonst unbesiegbare
Frankenkaiser die Veste nach dreijähriger Belagerung nicht
hat nehmen können (1519—22). Kein Kampf ist ihm zu
gewagt: so ist er denn auch sofort entschlossen, den Sarazenenkönig Huidelon zum Zweikampf aufzufordern (2138),
denn er fürchtet sich nicht „vor vier gekrönten Köni
gen" (2455).

Proben seiner Tapferkeit und Stärke legt Gui zu wieder-
holten Malen ab. Er tödtet im Kampfe den heidnischen
König von Carsaude, Escorfaut, indem er ihm den harten
Spiess durch das Herz stösst (561). Mit der starken Lanze
streckt er den Heiden Cornicas todt nieder (600), nachdem
er das Eisen in dem rothen Blute gebadet hat (599). Mit
so gewaltiger Wucht fallen seine Schläge auf jenen gefürchteten Riesen und Thürhüter Huidelon's, dass „Rumpf und
Beine desselben in den Graben fliegen, der Kopf aber auf
einen Stein geschleudert wird" (1814—17). Im Palaste
Huidelon's erlegt er Puillart, den Sohn Aucipier's (1977 bis
1979). Den „buckeligen" Thurmwächter Huidelon's fasst
er an den Seiten, schleppt ihn durch den Saal und wirft

ihn durch eins der Fenster in den Graben, so „dass ihm das Herz bricht, ehe er zur Erde kommt" (2026—30). Wundervoll erscheint uns ferner seine Tapferkeit im Kampfe mit Danemont, jenem muthigen Sohne Huidelon's. Hat er ihn doch mehrmals aus dem Sattel gehoben und so wuchtige Schläge auf ihn fallen lassen, dass er zuletzt, wenn auch nicht völlig besiegt, am Boden liegt und auf die Heiden wenigstens den Eindruck macht, als sei er vollständig überwunden! (cf. 2409—23. 2457—70. 2471—90. 2525—33. 2574—76. 2591—97. 2648—57. 2667—72. 2676—86). Einen Jugendhelden aber, der solche Thaten zu verzeichnen hat, mag der Dichter wohl mit Recht „einen erprobten Kampfesheld" und einen „edlen Ritter" nennen.

Die günstigen Erfolge, welche Gui als Krieger erringt, sind zum grossen Theil eine Folge der Umsicht, mit welcher er zu Werke geht. Er gibt den Kriegern vor dem Kampfe Instructionen über das, was sie in diesem oder jenem Falle zu thun haben (cf. 610—14). Ebenso macht er die neun Barone, die ihn zum Saale Huidelon's begleiten, vorher darauf aufmerksam, dass sie handeln sollen, je nachdem er spreche (1833). Er geht morgens in aller Frühe, um den Thurm von Carsaude auszukundschaften (681). Nach der Ueberwindung des gefürchteten Riesen am Palaste Huidelon's lässt er fünf seiner Genossen zurück, um die Thüre zu bewachen (1822). So sehen wir in Gui den wahren mittelalterlichen Ritter, der alle Tugenden in sich vereinigt, die den Kriegshelden zieren.

Wenden wir uns nunmehr zu der Person Gui's im Rathe. Wie Carl d. Gr., so handelt auch Gui nicht eher, bis er, wenigstens in Angelegenheiten von Bedeutung, die Ansicht der edelsten seiner Unterthanen gehört hat. Zum Zweck der Berathung führt er die Mitglieder des Rathes einmal neben ein „umzäuntes Gebüsch" (1634), ein andermal hält er den Rath im Zelte ab, wobei die Theilnehmer „sich alle schön innerhalb des Zeltes setzen" (2884). Gui selbst schmückt sich bei solcher Gelegenheit fein (2877): einen Zobelmantel

wirft er um den Hals (1632. 2878), und einen Hut setzt
man ihm auf's Haupt (2879). Alsdann lässt sich der junge
König auf einen Faltestuhl nieder, der von „polirtem Golde"
ist, und nimmt stolz einen Stab in die Hand (2880—81).
Die Berathung eröffnet er mit einer Aufforderung an die
Barone, nachzudenken (1635) über das, was er ihnen vorlege.
Alsdann hört er sorgfältig die Meinungen der Berather an.
Gefällt ihm ein Vorschlag, so drückt er lebhaft seinen
Beifall aus (cf. 1655). Alten Personen gegenüber zeigt er
sich im Rathe ebenso willfährig, wie sonst (2899).

Gross ist also Gui als Kriegsfürst, verständig als Regent.
Nicht minder bewunderungswürdig ist er aber in Bezug auf
seine moralischen Eigenschaften. Gui ist, was die moralischen
Tugenden anbelangt, ein vollständiges Spiegelbild Carls
d. Gr. Frommer Sinn ist der Hauptzug in dem Charakter
dieses edlen Jünglings. Sein kindlich frommes Herz zeigt
sich uns einerseits in Gebeten, andererseits in seinem Eifer
und seiner Sehnsucht zur Bekehrung der Heiden. Sobald
Gui von Gefahren umringt ist oder sonst irgendwie der
Hülfe Gottes bedarf, fleht er den göttlichen Schutz auf sich
und die Seinigen herab (520 — 27. 547 — 51. 2285 — 89.
2540—71. 4167—71). Auch betet er mit seinen Kriegern
zusammen (689 — 91). Zum Ausdruck der Ehrfurcht vor
Gottes Majestät macht er das Zeichen des Kreuzes auf seine
Stirn (2438). Als er Montorgueil sieht, fängt er an, Gott
zu loben (1622). Als er aber die Mauern von Luiserne
einstürzen sieht, wendet er sich zu Gott, steigt vom Pferde,
kniet zur Erde und dankt Jesus Christus in grosser Demuth
(4181—83). Ebenso dankt er Gott nach der Einnahme von
Luiserne (4228).

Das fromme christliche Gemüth Gui's gibt sich aber auch
in der Sehnsucht kund, dass alle Heiden den Glauben an
Christus annehmen möchten. Dem Heiden Boïdans wünscht
er, „Gott möge Glauben und den hl. Geist in ihn legen,
damit die Seele, die in seinem Körper liege, nicht verloren
gehe" (433—34). Ebenso ruft er dem Heidenkönig Huidelon

entgegen: „Möge Gott Euch retten und Euren Körper taufen lassen!" (2765—66). Daher ist er rastlos, wenn es gilt, Heiden taufen (cf. 3058). Sogar zum Fanatismus treibt ihn die Begeisterung für den Christenglauben. Er zieht gegen Montorgueil, um Huidelon, den ungläubigen Gottlosen, zu ergreifen. Falls dieser nicht an Jesus, den „liebreichen Vater und König", glauben und seine Frau sowie seine beiden Söhne taufen lassen wolle, werde er ihm den Kopf herunterhauen (1564—67). Ebenso ist bei der Eroberung der übrigen heidnischen Städte die Annahme des Christenthums erste Bedingung für die Schonung des Lebens der Unterworfenen.

Mit dieser Frömmigkeit vereinigt Gui ein unerschütterliches Gottvertrauen. „Er vertraut fest auf Gott" (546) und „auf Jesus" (558). Seine Handlungen sind stets von dem Willen Gottes abhängig (459. 1533. 1563. 1619—20. 2365 bis 2369. 2583. 2675. 3091).

Wie Carl, so wird auch Gui für seine Frömmigkeit und sein Gottvertrauen in der herrlichsten Weise belohnt. Gui erscheint uns gewissermassen als ein heiliger, auserwählter Mann, vor dem die vernunftlosen Creaturen und die Kräfte der Natur sich auf Gottes Geheiss beugen. Als er von Paris aufbricht, wird der Welt verkündet, dass es nicht ein gewöhnlicher Mann ist, der aus Frankreich ausziehe: Blut regnet zur Mittagszeit, und die Sonne verfinstert sich, als der Mittag vorüber ist, so dass die Menschen glauben, das Ende der Welt sei gekommen (305—309). Der marmorne Thurm von Carsaude spaltet sich zu Gui's Verherrlichung in zwei Theile (694). Die Gewässer von Montorgueil ziehen sich zurück in ihre Canäle, als unser Held zum Palaste Huidelon's schreiten will; keinem einzigen Rosse werden die Lenden beim Durchzug befeuchtet (1737—38). Die Mauern von Luiserne stürzen zur Mittagszeit ein, um Gui und seinen Schaaren den Weg zur Stadt zu bahnen (4178 bis 4180).

Lernen wir so Gui wegen seiner Frömmigkeit schätzen,

so bewundern wir auf der anderen Seite nicht minder sein
liebevolles Herz gegen andere Personen. Gui ist zunächst
für Carl, seinen obersten Herrscher, Feuer und Flamme.
Kaum hat er den Grund von dem Unglück Carls erfahren,
als er beschliesst, dasselbe zu rächen. (cf. 381—90). Der
schöne Zug inniger Liebe und Ergebenheit zu Carl zieht sich,
wie ein leuchtender Faden, durch alle Handlungen Gui's.
Am offenbarsten tritt derselbe an folgenden Stellen hervor:
v. 339. 506—507. 550—51. 654—62. 686. 691. 1546.
3108—12. 3191. 3735. 3944—46. 3956.

Nächst Carl liebt er am meisten seine Eltern. „Sehr
ehrt und schätzt er seine Mutter" (275). Der blosse Gedanke an diese ist im Stande, ihm seine Kraft wiederzugeben (2528). Seiner Mutter gedenkt er namentlich, wenn
er in Gefahr schwebt (2036. 2099). Die Liebe zu seinem
Vater entlockt seinen Augen Thränen, als er von ihm
sprechen hört (351—52). Erfährt er, dass es seinem Vater
übel geht, so „fällt er fast in Ohnmacht von seinem Ross
herunter" (360—61). Zweimal fällt er seinem Vater beim
Abschied um den Hals und küsst ihn (3164). Die Trennung von ihm wirkt aber ähnlich auf Gui, wie die Nachricht von dem Unglück desselben: „fast in Ohnmacht fällt
er von seinem Pferde" (3165). Weitere Beweise seiner
Liebe zu Samson findet man v. 2838. 3125. 3983. 3985.

Gui's liebevolle Gesinnung erkennt man auch in seinem
Benehmen zu den Frauen, die er auf Wagen mitführt (cf. 287.
1603. 3244). Unter den Kriegern stehen ihm am nächsten die
jungen Barone. Ehe er sich von ihnen trennt, „fällt er ihnen
um den Hals, küsst alle, empfiehlt sie Gott (2190—91) und
weint zärtlich" (2192). Sind aber die Barone eine Zeit lang
von ihm abwesend, so geht er ihnen bei der Rückkehr entgegen und küsst jeden Einzelnen (1543—44). Nicht vermag
er den Leckerbissen, den Huidelon ihm in wohlthätiger
Gesinnung hat darreichen lassen, trotz seines gewaltigen
Hungers zu verzehren, bis er überzeugt ist, dass seine Genossen, die im Thurme von Montorgueil fast vor Hunger

vergehen, davon in Fülle haben (2231—34). Wie seinen eigenen Baronen, so geht er auch den Edlen Carls d. Gr. entgegen (2862) und „heisst sie willkommen" (2864). Ueberhaupt kennt die wohlthuende und gütige Gesinnung Gui's keine Grenzen. Auch der gewöhnlichste Mann hat Antheil daran (cf. 292 — 97), selbst die unterworfenen Heiden, vorausgesetzt, dass sie das Christenthum annehmen (cf. 3416—20). Auf diese Seite seines Charakters beziehen sich Ausdrücke wie bons justicier (1036), plains de loiauté (994), gentils hon (1914. 2862. 3083. 3096), gentils rois (3864) oder gentils rois debonaires (2999. 3736), damoisiaus debonaires (2745) und frans chevaliers (2848).

In der Zeichnung Gui's sind verhältnissmässig wenig Widersprüche wahrzunehmen. In Gegensatz zu seiner Güte steht der ewig andauernde Hass gegen Roland, den er nicht lieben konnte, „so lange er lebte," weil er ihm die Ehre der Eroberung Luiserne's streitig machte (4257). Im Uebrigen sind die vereinzelten Affekte seines Gemüthes um so weniger als Widersprüche in seinem Charakter zu betrachten, als dieselben durch die Situationen hervorgerufen werden, auch nur vorübergehender Natur sind und nicht, wie bei Carl d. Gr., andauern.

§. 3.

Danemont.

A. Epitheta Danemont's.

a. Auf physische Eigenschaften bezügliches Epitheton: biau bacheler (schöner Schwertdegen 2320).

b. Auf moralische Eigenschaften bezügliche Epitheta: chevaliers menbrés (2590), gentils et ber (2161. 2443), chevalerous (2607), li fiers (3551. 3569), dans vassaus (2499), cuivers (2674), musars et bris (2776).

c. Epitheta zur Bezeichnung des Standes und der Herkunft:
li rois (2319. 2354. 2406. 2492. 2603. 2663. 2767), li Turs (2378. 2475. 2534. 2577. 2627), bezw. le Turc (2677), oder

B. Charakteristik Danemont's.

Nächst Carl d. Gr. und Gui ist der Heide Danemont die hervorragendste Rittergestalt unseres Gedichtes. Danemont zieht eigentlich durch seine ritterlichen Tugenden mehr an, als die beiden anderen, weil er nicht so schablonenmässig und sozusagen durch göttliche Fügung die ritterliche Kraft entwickelt. Er ist in der That ein „chevaliers menbrés" (2590), der viel Tüchtigkeit durch sich selbst besitzt (2516). Versuchen wir zunächst ein Bild seiner Erscheinung zu entwerfen.

Danemont ist, wenn er in voller Rüstung dasteht, der schönste Schwertdegen aus ganz Spanien (2319—20). Sein Haupt ist geschmückt mit einem strahlenden Helm (2316. 2652), der in Baiern angefertigt ist (2576). Ein Panzerhemd (2356) schützt seinen Körper; einen Schild, so stark und hart, dass man keinen besseren sehen kann (2322. 2357), trägt er als Vertheidigungswaffe. Vierundzwanzig Edelsteine sind darin befestigt (2323), die Schmelzarbeiten und Steine an demselben kann kein Mensch zählen (2324). Ein geschliffener Degen (2356) von Stahl (2321), dessen Griff von Silber[1]) (2317) ist, hängt an seiner Seite. Eine Lanze, an deren Handhabe das Fähnlein mit fünf Nägeln von arabischem Gold, dem besten überseeischen, befestigt ist (2344 bis 2345), ergreift er, sobald er sein Ross besteigt. Auf dem linken Steigbügel besteigt er das Ross (2342), ergreift die sehr kostbaren Zügel, womit dasselbe gezäunt ist (2332), und erscheint so in seiner prächtigen Rüstung als ein Ritter von sehr grosser Würde (2335).

Das Ross, welches Danemont reitet, stammt aus Spanien (2318). Es ist im Allgemeinen gesprenkelt (2318), aber die Seite ist so weiss, wie „der Schwan eines Meeres" (2326). Nie wird man ein besseres Pferd sehen können (2325). Sein Kopf ist kurz und schmal, die Augen sind funkelnd (2328), die Ohren klein und die Nüstern sehr

---

[1]) Im Gegensatze hierzu ist der Griff des Degens in v. 3619 mit Gold eingefasst.

gross (2329). Es hat starke und feste Schenkel, flache mit
Hufen beschlagene Füsse (2327). Zierrathen gibt es daran
in Menge (2334). Es ist mit Seide bedeckt, die mit einem
grünen Stoff „gemustert" ist (2330); der Sattel ist von
Elfenbein und der Sattelbogen mit schwarzem Schmelze
ausgelegt (2331). Tausend Glöckchen von Gold hängen
daran neben einander (2335). Die Brustriemen sind sehr
kostbar (2334), die Steigbügel und Tragriemen sind ebenfalls sehr gut gearbeitet (2333).

Hierzu kommen die wunderlichen Eigenschaften, welche
dem Ross nachgerühmt werden: „es frisst weder Hafer noch
Getreide, sondern die Gräser vom Felde und den Sand des
Meeres" (2339—40). Es läuft schneller über Gebirge, als
jedes andere Pferd über Wiesen (2341), so dass es kein
schöneres Vergnügen gibt, als dasselbe laufen zu sehen
(2336—37). Es ist von einer muthigen Stute und einem
Tiger gezeugt (2338).

Dass ein Jüngling, der dieses Ross zu tummeln versteht,
nicht gewöhnliche Kriegstugenden entfalten wird, ist von
vornherein klar. Die ritterliche Tüchtigkeit bekundet Danemont zunächst in Worten, dann aber auch durch die That.
Er dankt seinem Vater, dem Sarazenenkönig Huidelon, dass
er ihm den Zweikampf mit dem edelsten Frankenheld
übertragen (2310), denn „zehn solcher würde er allein tödten
können" (2312). Und wie unverzagt dringen die Worte
aus seinem Munde, als er seinem Gegner gegenübergestellt
ist! (2359—64. 5570—71. 2373.) Doch liebt er es nicht,
viel Worte zu machen, sondern geht sofort zum Handeln
über. „Bei Mahomed, meinem Gott!" ruft er aus, sobald
eine Zögerung des Kampfes eintritt, „zu lange haben wir
gesäumt; ich müsste solcher Kämpfer jetzt schon vierzehn
getödtet haben" (2445—46).

Dann aber schreitet er mit grosser Ritterlichkeit und
ebenso grossem Muth in den Kampf: dort scheut er mehr
die Schmach, als den Schmerz, wenn gewaltige Schläge auf
ihn fallen (2495). Geräth er in Verlegenheit, so wird er

nicht entmuthigt, sondern kühn (3551. 3569) spornt er sein Ross zu frischem Angriff an (cf. 2496—2502). Der ganze Verlauf des Kampfes mit Gui (cf. 2408—23. 2457—70. 2503—23. 2534—38. 2577—81. 2590—93. 2603—2604. 2607—12. 2627—31. 2663—72) beweist, dass Danemont an Kraft dem jungen Frankenkönig nicht nachsteht: „nur die Macht Gottes und die guten Gebete, welche der Erzbischof verrichtet", verhindern ihn am Siege (2507—2508).

Durch die Taufe wird Danemont ein christlicher Ritter und widmet als solcher seine ritterlichen Dienste dem Bekehrungswerke der übrigen Heiden Spaniens unter dem Banner Gui's. Er hilft zur Eroberung Augorie's (cf. 3278 bis 80) und Maudrane's. So lange einer seiner Gegner Heide ist, hat er keinen Anspruch auf Schonung von ihm: seinem Onkel Escorfaut von Augorie tritt er ebenso heftig entgegen (cf. 3327—35), wie seinem Verwandten Emaudras, den er am Barte zieht, als er Jesum schmäht, und dem er einen so gewaltigen Hieb ins Genick versetzt, dass er in die Kniee sinkt (3645—48). Den heidnischen Thürhüter des Emaudras aber, welcher sich erkühnt, einen Christen zu schlagen, trifft sein Degen so gewaltig, dass er hinstürzt (3618—20).

Capitel II.
Treue Rathgeber.
Naimes und Bertrand.
§. 1.
Naimes.

A. Epitheta Naimes im Gui de Bourgogne.	**B.** Epitheta Naimes im Rolandslied.
a. Auf physische Eigenschaften bezügliche Epitheta:	a. Auf physische Eigenschaften bezügliche Epitheta:
li barbés, resp. le barbé (9. 1517. 3789. 4005), li floris, resp. le flori (717. 729. 925.	

2781), à la barbe (40. 346.
416. 1082. 1897. 3743), à la
barbe florie (3081), o le guernon flori (2842).

b. Auf moralische Eigenschaften bezügliche Epitheta:
li gentils dus (2941), gentils
et ber (1639).

c. Epitheta zur Bezeichnung
des Standes und der Her-
kunft:
li dus (140. 823. 848. 859.
913. 1130. 1178 etc.), bezw. le
duc (1154. 3136), de Baiviere
(1117. 2885. 3081. 3756. 3889),
le Baivier (1460. 1876).

d. Epitheta in Anreden:
biaus sire (1173. 2858),
dans viellars radotés (2933).

b. Auf moralische Eigenschaften bezügliche Epitheta:
saives hum (248), nobilies vassals (3442).

c. Epitheta zur Bezeichnung
des Standes:
ducs resp. duc (246. 673. 831.
1790. 2417. 3008. 3013 etc.),
vassal (231. 775),

d. Epitheton in Anreden:
bels sire (3455).

C. Charakteristik des Herzogs Naimes im „Gui de Bourgogne".

Naimes erscheint in unserem Gedichte als der verständige
Rathgeber des Kaisers, begleitet diesen auf Schritt und Tritt
und beweist nicht selten, dass er ihm der treueste Freund
ist. Als Kämpfer im Heere Carls d. Gr. ist er muthig, als
Mensch ist er gütig. Wegen seiner nahen Beziehung zu
Carl ist er diesem auch in Bezug auf die äussere Gestalt
genähert. Diese wollen wir daher zuerst beschreiben.

Naimes, der Herzog von Baiern (1117. 3081), hat
weisses Haupthaar (2865), weshalb er auch schlechtweg
„der Weisse" (717. 729. 925. 2281) genannt wird. Sein
Bart wallt ihm bis zum „Knoten des Hosenlatzes" (1119.
2888) und gibt ihm den Namen „Naimes à la barbe" (40.
346. 416. 1082. 1897. 3743) oder, genauer, mit Bezeichnung
der Farbe „Naimes à la barbe florie" (3081). Sonst wird
er auch „der Bärtige" genannt (9. 1317. 3789. 4005). Seinen

Schnurrbart, der ebenfalls von weisser Farbe ist (2842),
hat er nach der Sitte seiner Zeit über die Ohren geflochten
und hinten im Nacken schön befestigt (1120—21. 2889).
Ein mit Gold gestickter Mantel dient seinem Körper als
Schmuck (1118). Kurz, „Naimes ist ein Fürst, der Land
zu beherrschen" (1122) oder doch „zu beschützen (2890) hat."
Das, wodurch Naimes zur typischen Figur wird, ist die
Stelle, welche er als Rathgeber an der Seite Carls d. Gr.
einnimmt. Die Rathschläge, welche er dem Kaiser ertheilt,
sind mit einem Worte „gut" (1640) und finden sämmtlich, bis
auf einen (cf. 141—43), dessen Billigung. Ueberall, wo der
Kaiser eines guten Rathes bedarf, wendet er sich direkt
an Naimes (3790. 3807). Dieser ist sofort mit Rath bei der
Hand und zeigt eben dadurch seine grosse Geschicklichkeit
und Befähigung; trotzdem er nämlich spricht, ohne lange
zu überlegen, hat er doch alle möglichen Momente erwogen.
Beweis hierfür ist namentlich die Rede, die er gegen Ganelon hält (cf. 1131—47), sowie das Urtheil, welches er über
Huidelon und dessen Söhne fällt (cf. 2985—90). Bei Berathungen steht Naimes, wenn der Kaiser nicht zugegen ist,
an der Spitze: er ruft die fünfzehn Grafen zusammen, um
mit ihnen über Huidelon's Verrath zu berathen (2978). Ein
schöner Zug, der durch seine Reden geht, ist der grosse
Eifer, mit welchem er für die gerechte Sache jedes Mannes,
auch des armen, spricht (cf. 1139—41). In scharfen Worten
geisselt er ungerechte Rathschläge: entrüstet springt er
gegen Ganelon auf, lässt seinen Mantel fallen (1117—18)
und sagt: „Von Gott dem Vater, der die Welt richten soll,
sei das Fleisch eines solchen Rathgebers verflucht, und verwünscht sei der König, der Euch zu beherrschen hat, wenn
er nach Eurem Dienste Euch belohnt" (1124—27). Mit
aller Energie und mit der ganzen ihm zu Gebote stehenden
Kraft arbeitet er alsdann gegen die Befolgung schlechter
Rathschläge (1131—47. 3800—3806).
In derselben Weise begegnet uns Naimes auch im Rolandsliede. „Er ist es, der den Kaiser zum Frieden mit

Marsilies bestimmt (242 = V$_7$), der ihn veranlasst, seinen
Neffen zum Führer der Nachhut zu machen (780 = V$_7$),
der ihm ferner räth, demselben eine starke Truppenabthei-
lung zum Schutze mitzugeben (781 = V$_7$)".[1]

Als Rathgeber des Kaisers ist Naimes auch sein erster
Gesandter. Er führt im Auftrag des Kaisers die Unterhandlungen (cf. 833—40. 849. 859. 868—70. 913—35. 2866—67.
2869—70. 2892—93. 2897—98. 2903—2906) und überbringt
die Nachrichten darüber seinem Herrn (cf. 3139—42). Ueberhaupt wird Naimes gern als derjenige dargestellt, der
Neuigkeiten zuerst erfährt und überbringt: er erkennt beispiels-
weise zuerst die „Kinder" Frankreichs (823), er erkennt zuerst
die Täuschung in Betreff des herannahenden Marsilies (3909),
er überbringt dem Kaiser zuerst die Kunde hiervon
(3918—21).

Das innige Interesse, welches der „edle" Herzog an
des Kaisers persönlichen Angelegenheiten nimmt, bekundet
er namentlich in dem Mitgefühl an des Kaisers Unglück.
Er tröstet diesen, wenn er traurig ist (729—32. 3747—52).
Deshalb ist er von diesem geliebt (733. 3136) und geachtet:
Carl räumt ihm den ersten Platz an seiner Seite ein, und
wenn er unter den Kriegern erscheint, so reitet er an der
Spitze (1129). Passend sagt Graevell an einer Stelle seiner
Abhandlung: „Man könnte das Verhältniss zwischen Naimes
und Carl fast mit dem zwischen Roland und Olivier ver-
gleichen. Sie sind ebenso unzertrennlich wie diese und
ertragen wie sie Freud und Leid gemeinsam".[2]

Die unwandelbare Treue zu seinem Herrn beweist
Naimes auch dadurch, dass er als Krieger muthig für die
Sache seines Gebieters einsteht. Der Kaiser ist von seiner
Tüchtigkeit im Kampfe wohl überzeugt und weist ihn deshalb dem Ogier als Mitkämpfer beim Angriff auf Luiserne
zu (1317). Naimes ist es, der den fast gebrochenen Muth
des Kaisers beim angeblichen Nahen des Marsilies zu neuen

---

[1] Graevell, a. a. O. p. 76.
[2] Graevell, a. a. O. p. 76.

Thaten entflammt, der sich selbst im Kampfe „nur theuer
verkaufen will, bevor er fällt" (3872—80), „der alsdann
bewaffnet ist" (3888), um selbst Anführer einer Schaar zu
sein und nicht eher zurückzukehren, als „bis er die Türken
angetroffen" (3897—3900). Bevor das Heer aber aufbricht,
tritt er vor die Schlachtreihe, um den Kriegern Rath zu ertheilen (cf. 3887—89. 3891—96).

Die hervorragendste moralische Eigenschaft im Charakter des Herzogs von Baiern ist edle Gesinnung gegen
andere Personen, namentlich Liebe zu seinen Angehörigen.
Als Bertrand ihm von seinem Sohne spricht, kommt er vor
Freude fast von Sinnen (867—70). Tief dagegen kränkt
es ihn, dass Bertrand abzieht, ohne ihn der Umhalsung
und des Kusses zu würdigen (1478—80), denn er liebt diesen,
auch ohne ihn als seinen Sohn erkannt zu haben (826—32).
Er weint zärtlich, als er Gui reden hört (2895). Auch geht
er den Frauen entgegen (4005) und bekundet so seine freund-
liche Gesinnung für dieselben.

§. 2.

B e r t r a n d.

A. Epitheta Bertrand's.

a. Auf physische Eigenschaften bezügliches Epitheton:
mult biau bacheler (860).

b. Auf moralische Eigenschaften bezügliche Epitheta :
gentils et ber (841. 2045), li senés (981. 9007), enseigniez
(1270), li preus (3987), li ber (856), baron (977), li marchis (2827), le vassal (2783), le timonier (742. 1465.
2100. 3349).

c. Epitheta zur Bezeichnung des Standes und der
    Herkunft:
li mesagiers (1234. 1244. 2822), li cuens (1786. 1818), le
duc (1809), fils de baron (946), li fils Naimon (194. 285.
700. 944. 1201. etc.).

d. Epitheta in Anreden:
damoisiaus debonaires (1228. 1262. 1545), biaus sire (660),

B. Charakteristik Bertrand's.

Ein Pendant zum Herzog Naimes ist sein Sohn Bertrand. Wie Naimes als Rathgeber bei den Alten, so erscheint Bertrand als Rathgeber bei den „Kindern" und speciell als Rathgeber Gui's. Diese innige Geistesverwandtschaft zwischen den beiden Rathgebern wird äusserlich dadurch in unserem Gedichte angedeutet, dass fast überall, wo Bertrand's Name genannt wird, seine Abstammung von Naimes mit „li fils Naimon" hervorgehoben wird (194. 285. 700. 944. 1201. 1890. 1982. 2037. 3353. 3403. 3541. 3995). Bertrand muss äusserlich dem Herzog etwas ähnlich sein, denn Carl d. Gr. erräth, als er ihn zum ersten Male sieht, dass er Naimes' Sohn ist (1173—77). Eine ausführlichere Beschreibung seiner Gestalt gibt der Dichter nicht, nur sagt er, er sei ein sehr schöner Schwertdegen (860). Bertrand gehört zwar zu den Kindern, aber man muss sich ihn nicht so ganz jung vorstellen: er gehört zu den ältesten unter den „Kindern" (212—14).

Bertrand ist unter den Kindern der erste, der in unserem Gedichte handelnd auftritt (cf. 194). Er wird sofort als das gekennzeichnet, was für seine Charakteristik am bezeichnendsten ist. Gleich von Anfang erscheint er als gewandter Redner in der Volksversammlung, die am Ufer der Seine zur Wahl eines neuen Königs an Stelle Carls d. Gr. abgehalten wird (195—204). Seine Reden sind ebenso vernünftig wie einleuchtend (cf. den Vorschlag über die Wahl Gui's, 220—25), und sie finden daher stets Anklang (cf. 205. 209. 977. 1024). Mit der blossen Billigung seiner Vorschläge von Seiten der Versammelten gibt er sich aber nicht zufrieden, sondern lässt die Befolgung derselben auch beschwören (206—208). Bertrand's Rathschläge werden, wie die seines Vaters, gut genannt (1655). Allerdings räth er auch nach Kräften (1641). Wie Naimes, weiss auch Bertrand auf der Stelle Rath zu ertheilen (2104), aber er will doch nicht immer, dass man sofort an die Ausführung seiner Ansicht gehe, sondern zunächst zusehe, ob auch die anderen Barone sie billigten, und ob sie ihnen zum Heile gereiche (2140—41). Um seinen Meinungen mehr Ansehen zu verschaffen, beruft er sich auf die Abstammung von Naimes, der dem Kaiser die guten Rathschläge ertheile (1639—40). Die hauptsächlichsten Fälle, wo Bertrand sich als Rathgeber bewährt, sind die Berathungen über die Einnahme von Montorgueil (1638—54), über die Errettung der zehn Schwertgenossen aus dem Thurme von Montorgueil (2105—24. 2128—33) und über die Art und Weise, wie sich die übrigen Kinder im Zelte Carls d. Gr. verhalten müssten, um nicht erkannt zu werden (1202—13).

Wie Naimes der erste Gesandte Carls d. Gr. ist, so erscheint Bertrand als erster Gesandter Gui's. Er führt daher den Titel „li messagiers" (1234. 1244. 2822). Er ist Leiter der Gesandtschaft Gui's an Carl d. Gr. (cf. 652 bis 662), führt die Unterhandlungen mit dem Kaiser und dessen Baronen in kurzen, aber erschöpfenden Worten (cf. 842 bis 847. 856—58. 860—67. 913—15. 924. 926—29. 948—60. 966—76. 981. 983—88. 991—94. 996. 998. 1007—21. 1468). In ebenso kurzen Worten stattet er seinem Herrn Bericht über das Resultat der Verhandlungen ab (1547—51).

Gegenüber der ruhigen Gestalt des alten Naimes hat der Dichter den jungen Bertrand, wie es sich für sein jugendliches Alter schickte, mitunter etwas hitziger und erregter gezeichnet. Bertrand ist zwar besonnen (senés 981. 1007, preus 3987), aber er wird doch mitunter aus dieser Ruhe herausgetrieben, z. B. vor Carl (966 —76) und vor Huidelon (1901—10). Seine Erregtheit treibt ihn soweit, dass er von stürmischen Worten zu voreiliger That übergehen will (1911—14). Nicht hierher ist jedoch das sonderbare Benehmen gegen seinen Vater zu rechnen, als er diesen zum ersten Male sieht; dieses schroffe Auftreten ist offenbar Verstellung, um nicht erkannt zu werden (cf. 856—58. 860 bis 867). Der Dichter hat allerdings diese Verstellung übertrieben.

Als Unterthan des jungen Frankenkönigs hat Bertrand

natürlich die Pflicht der treuen Anhänglichkeit an diesen, und diese Pflicht erfüllt er in der herrlichsten Weise. Keinen Angriff duldet er gegen die Person Gui's (cf. 918—21. 1007—1009). Fast von Sinnen kommt er, als Carl d. Gr. seinem Herrn ein schmähliches Lebensende verheisst (1004) und ebenso knirscht er im Herzen, als Escorfaut von Augorie seinem Gebieter den Kopf herunter hauen will (3302 bis 3305). Von inniger Liebe zu Gui erfüllt, wirft er Roland, der seinem Herrn die Ehre der Eroberung Luiserne's streitig machen will, die Worte entgegen: „Bei meinem Kopfe, da höre ich einen Thoren sprechen. Nicht hätten wir ihn [nämlich Gui] zum König von Frankreich gemacht, wenn wir ihn nicht gegen Euch zu schützen vermöchten. Fürwahr, wenn Ihr ihn übel anzuschauen wagt, werdet Ihr dieses Schwert durch Euren Körper dringen sehen" (4250 bis 4254). Und wie er durch sein Benehmen gegen andere Personen seine Liebe zu seinem Herrn bekundet, so thut er dieses auch durch sein Benehmen gegen Gui selbst: in warmen und liebenden Worten tröstet er ihn, wenn er ihn traurig findet (2038—45).

Wegen dieser treuen Hingabe zeichnet Gui unseren Helden vor allen anderen aus: Gui ruft ihn zuerst von allen (652), redet ihn zuerst an (285), wenn er seinen Baronen eine Mittheilung zu machen hat; er überträgt ihm manches Ehrenamt, so die Beschützung der Frauen (286 bis 287), die Anführung der Gesandtschaft an Carl d. Gr. (652—62) und die Auswahl der Helden, welche zum heidnischen König Huidelon ziehen sollen (1658), worunter er selbst auch wieder als der erste von Gui genannt worden war (1657).

Haben wir so Bertrand als guten Rathgeber und als treuen Freund kennen gelernt, so wollen wir uns nunmehr denjenigen Eigenschaften zuwenden, die er im Kriege entwickelt. Als Krieger zeigt er seine Tüchtigkeit zunächst wiederum durch die flammenden Worte an die Soldaten: er ermahnt diese, tüchtig dreinzuschlagen und alle Heiden, die

sie anträfen, zu tödten (618—19); er ermuthigt zum Kampfe
gegen Huidelon, als er mit seinen Genossen im Thurme
von Montorgueil belagert wird, indem er die beherzten
Worte spricht: „Jeder hat nur einen Tod zu leiden und zu
bestehen. Wenn es Gott gefällt, so nehmt denselben dankbar
hin. Fürwahr, lieber will ich sterben, als in solchem Kummer leben!" (3134—36.)

Aber nicht bloss durch Worte, sondern auch durch die
That beweist sich Bertrand als wackeren Helden. Im Palaste Huidelon's haut er gewaltig drein, seinem Gegner lässt
er den Kopf eine grosse Klafter weit fliegen (1982—83); er
ist im Begriffe, dem Thürhüter Huidelon's einen solchen
Hieb beizubringen, dass er nicht mehr die Thüre zu bewachen braucht (1786—88), aber ehe er dazu kommt, hat
dieser sein Ross unter ihm weggehauen (1809). Er wünscht
selbst den Kampf mit Danemont auszufechten (2172), als
aber Gui diese Ehre für sich behauptet und zuletzt dem
Verrathe Dragolant's zu erliegen scheint, bricht Bertrand
mit nur acht Genossen hervor, um den Kampf gegen die
ganze Schaar der Verräther aufzunehmen (2728). Gern
übernimmt er auch den Oberbefehl über die 15 000, die er
gegen den angeblich heranrückenden Marsilies führen soll
(2825—27). Wir sehen ihn wacker gegen die Heiden in
Maudrane kämpfen (3541).

Zum Schluss sei noch auf die Liebe Bertrand's zu seinem
Vater und zu den ihm nahestehenden Personen hingewiesen.
Als er seinen Vater sieht, ist sein Herz so gedrückt, dass
er sich lange Zeit hindurch nicht zu halten vermag, denn
Gui hat ihm streng verboten, seinen Vater zu umhalsen und
zu küssen; fast fällt er bewaffnet von seinem Streitross
(850—54). Seine Liebe zu den Alten überhaupt spricht sich
namentlich in der Sehnsucht aus, mit welcher er zu ihnen
sprechen möchte (cf. 664—67). Unter den Alten liebt er
nächst seinem Vater den Kaiser am meisten; daher stösst
er einen Seufzer aus, als er dessen bedrängte Lage schildern
hört (377).

Capitel III.

Rebellen.

Roland, Olivier, Ogier, Richard.

§. 1.

Roland.

A. Epitheta Roland's im Gui de Bourgogne.

a. Auf physische Eigenschaften bezügliches Epitheton: à la chiere hardie (1592).

b. Auf moralische Eigenschaften bezügliche Epitheta: le chevalier menbré (2923), chevalier de pris (3871), forsené (1044), musart (4250), glous (1044).

c. Epitheta zur Bezeichnung des Standes und der Herkunft: li dus (4058), li cuens (1038. 4127), neveu (10), niez (1043), niés (1031. 1045).

B. Epitheta Roland's im Rolandslied.

a. Auf physische Eigenschaften bezügliche Epitheta:

b. Auf moralische Eigenschaften bezügliche Epitheta: nobles guerriers (2066 edler Krieger), poigneor (3775 Kämpfer), li pruz (986. 1093 der tapfere), li cataignes (1846. 3709 Hauptmann), li cuens cataignes (2912), li ber, resp. le barun (623. 2022 der Degen), barun de si grant vasselage (744 Degen von grosser Heldenkraft), de tant grant fiertet (2148 von grosser Kühnheit), vaillanz hum (2045 streitbarer Mann), vassal (545. 558) und bon vassal (1777. 2310. 3185 Kampfheld), forz e fiers e maneviz (2125, kühn, wild und kampfgemuth), le marchis (630 d. Grenzgraf), pruzdoem (2916 unverzagt), bon (1097 wacker), nostre guarant (1609 unser Hort), chevalier (752 Ritter), chevaliers gentilz (1853 edler Ritter), li riches (585. 2720

C. Charakteristik Roland's im „Gui de Bourgogne".

Roland hat in unserer Dichtung das Meiste von jener ritterlichen Gestalt, die er im Rolandsliede darstellt, eingebüsst. Sein Aeusseres wird überhaupt nicht mehr berücksichtigt, verschollen ist sein guter „Durendal" und sein Horn „Olifant". Im Rolandsliede sind diese ganz besonders ausgezeichnet. „Sein Schwert Durendal ist mehr werth, als feines Gold ($\maltese$540 = V_4). Der Kaiser hat es ihm auf Geheiss Gottes als Belohnung für seine Kriegsthaten geschenkt (1121. 2318). In seinem Griffe befinden sich viele heilige Reliquien (2344). Seine Klinge ist von glänzendem, weithin leuchtendem Stahle (2316—17) und so stark, dass es unmöglich ist, sie zu zerbrechen (2302. 2313. 2340 = V_7). Dreimal macht Roland mit Aufbietung aller seiner Kräfte den Versuch, sie auf harten Marmorblöcken zu zerschlagen. Aber es gelingt ihm nicht. Der Stahl biegt sich, doch er bricht nicht. Seine Schärfe ist so bedeutend, dass Carl, als er nach Roncevaux kommt, die Hiebe Roland's an den drei Steinen erkennt (2875 = V_4. cf. 1339 = V_4). Dieses Schwert ist Roland's Lieblingswaffe. Dies kann man schon daraus schliessen, dass er vor dem Kampfe zu seinem Waffengefährten Olivier sagt: Triff Du mit Deiner Lanze, ich mit Durendal, meinem guten Schwerte, das mir der König gegeben hat (1120 = V^a). Auch die Worte, die er vor seinem Tode an dasselbe richtet, sprechen lebhaft dafür (2304 ff.). Auf die Berühmtheit Durendals deuten die prahlerischen Redensarten der 12 heidnischen Pairs hin (cf. 926. 988), ferner der Umstand, dass ein Sarazene, der Roland auf der Wahlstatt liegend findet, sich des Schwertes bemächtigen und es als kostbare Siegesbeute nach Arabien tragen will (2282 = V_7). — Sein Horn Olifant gibt einen so lauten Ton von sich, dass man ihn, wenn Roland mit höchster Kraft bläst, 30 Meilen weit hören kann (1756)". [1]

Roland's Waffenbrüderschaft mit Olivier wird in unserem Gedichte nicht mehr so stark hervorgehoben, dafür treten

---

[1] cf. Graevell, a. a. O. 60—61.

sein Ehrgeiz und seine Ruhmbegierde um so stärker hervor. Ueberhaupt werden in unserem Gedichte mit Vorliebe die bösen Eigenschaften Roland's ausgemalt: er wird zum Rebellen gegen seinen höchsten Gebieter. Allerdings steht hiermit seine Liebe zu Carl in scharfem Gegensatze. Gehen wir im Folgenden auf die Einzelheiten näher ein.

Das Freundschaftsband, welches Roland mit Olivier verknüpft, wird äusserlich durch die häufige Zusammenstellung ihrer Namen angedeutet (10. 345. 747. 1027. 1085. 1223. 1276. 1875. 1898. 3758. 3776. 3780. 3870. 4112 4141. 4229.) Ausserdem wird Olivier geradezu Roland's Waffenbruder genannt (345. 1027). Durch die That bekunden beide ihre Waffenbrüderschaft, indem sie zusammen in die bei Luiserne gelegenen Gebirge ziehen, „um zu wachen und zu spähen" (748), und indem sie gemeinsam von dort zurückkehren (1028). Sodann heisst es, dass sie gemeinsam eine Nacht und zwei Tage innerhalb der Mauern von Luiserne kämpften und viele niedermachten (4229—32).

Im Rolandsliede ist „ihre Liebe zu einander so gross, dass Roland sagt, er würde vor Kummer sterben, wenn sein Freund im Kampfe fiele (1866—68 = V_7. cf. 2030 = V_7). Als er nun tödlich verwundet ist, wird Roland vor Schmerz auf seinem Rosse ohnmächtig (1988). Die Ohnmacht wiederholt sich, als er die Leiche sieht (2022 = V_7. 203). Als er später die Leichen der Franzosen dem Turpin zur Einsegnung bringt, legt er den Olivier zur Auszeichnung vor den anderen auf einen Schild (2204 = V_7. V.). Er vergiesst Thränen und wird zum dritten Male ohnmächtig (2230). — Eine rührende Probe seiner Liebe gibt Roland noch unmittelbar vor dem Tode seines Freundes. Olivier ist tödtlich verwundet, und die Augen sind ihm vom Blute getrübt, so dass er nicht mehr sehen kann. In diesem schrecklichen Zustande schlägt er seinem Freunde, den er für einen Sarazenen hält, einen furchtbaren Hieb auf den Helm, der ihn spaltet. Da fragt ihn Roland mit sanfter Stimme, ob er es absichtlich gethan habe; er sei ja Roland, der ihn so sehr lieb habe (2002 =

V_7). Und als nun Olivier in Reue über seine That ihn um Vergebung bittet, antwortet er: Ich habe keinen Schaden. Ich verzeihe Euch hier und vor Gott (2006—2007)" [1])

Ausser in dem Kampfe gegen Luiserne, wo Roland auf einer anderen Seite als Gui den Angriff leitet (4192), wird er in unserem Gedichte nicht mehr als Krieger gezeigt. Auch „drängt er den Kaiser nicht mehr zu immer neuen Eroberungen", sondern scheint des Kampfes überdrüssig zu sein: er seufzt, als der Knabe die Nachricht vom Nahen des Marsilies überbringt (3870). Hierdurch unterscheidet sich der Roland unseres Gedichtes am schärfsten von demjenigen des Rolandsliedes, wo gerade Tapferkeit die am meisten hervortretende Eigenschaft desselben ist, wie schon ein Blick auf die Menge der oben aufgezählten lobenden Epitheta beweist. „Roland betrachtet dort die Schlacht als eine günstige Schickung von Gott (1008) und freut sich auf das Kampfgetümmel als auf die höchste Lust. Jeden Tag setzt er sich, wie Ganelon behauptet, dem Tode aus ($390 = V_4$). Sobald er in voller Waffenrüstung auf dem Rosse sitzt, will er nie dem Kampfe ausweichen (1095—96). Ihn ergreift dann eine Art Berserkerwuth. Er wird wilder als ein Löwe oder Leopard ($1111 = P$.)". [2])

Aus jenem Ueberdruss am Kampfe, den Roland in unserem Gedichte darthut, mag denn auch sein rebellischer Sinn hervorgegangen sein. Dieser äussert sich zunächst in beissendem Spott, womit er seinen Onkel in einer so frechen Weise höhnt (cf. 1038—41), dass dieser im höchsten Grade über ihn entrüstet ist und ihn fast mit seinem Handschuh über die Nase gehauen hätte (1044—46). Das hindert unseren Roland aber nicht, in seiner Frechheit noch weiter zu gehen, indem er die Vorwürfe Olivier's gegen seinen Onkel für gerecht erklärt und dem Kaiser geradezu ins Gesicht sagt, er werde ihn verlassen und nach Frankreich zurückkehren (1060). Ja sogar erniedrigt er sich zu den Worten: „Las-

---

[1]) cf. Graevell, a. a. O. p. 69—70.
[2]) cf. Graevell, a. a. O. p. 62—63. .

sen wir doch diesen Greis [nämlich Carl], der ganz
närrisch ist; 100000 Teufeln sei sein Körper empfohlen!"
(1061—62).

Ganz anders erscheint uns jedoch Roland, wenn er an
anderen Stellen unseres Gedichtes zärtliche Liebe zu Carl
d. Gr. beweist, und der Kaiser seinerseits grosse Vorliebe
für seinen Neffen an den Tag legt. Roland tröstet den
Kaiser, als dieser beim angeblichen Herannahen des Marsilies
ohnmächtig wird (3870). Der Kaiser aber gibt Roland die
schöne Alde zur Braut (4013) und verspricht ihm die Herrschaft über Frankreich abzutreten, sobald sie in die Heimath
zurückgekehrt seien (4061).

Roland's zärtliche Liebe erstreckt sich aber nicht bloss
auf Carl d. Gr., sondern auch auf andere Personen. „Der
schönen Alde küsst er mehr als hundert Mal Mund und
Nase" (4015). Von den Kindern hat seine Zuneigung am
meisten Bertrand erobert und zwar aus dem Grunde, weil
er Carl die Mittheilung macht, die Frauen Frankreichs
würden auf Wagen mitgebracht [1]. Diese Worte entflammen
Roland so sehr für Bertrand, dass er ihn umarmt und zum
Dank alles Mögliche ihm zum Geschenk machen möchte
(1260—66). Dieser Zug im Charakter Roland's wäre geeignet
gewesen, einen guten Kern unter einer rauhen Schale bei
ihm vorauszusetzen, würde nicht auch sonst diese gute Seite
durch hässliche Laster zu sehr verdunkelt. Ehrgeiz und
Ruhmbegierde trüben seinen Charakter in ganz unange-
nehmer Weise.

In der Chanson de Roland treten diese Fehler im Charakter Roland's auch hervor, aber in einer Weise, dass sie
eher interessiren, als abstossend wirken. „Sie gehen dort
mit seiner Tapferkeit Hand in Hand." Einen Beweis dafür

---

[1] In unserem Gedichte heisst es im v. 1256, Berars habe diese
Mittheilung dem Kaiser gemacht. Doch steht diese Lesart mit der
Thatsache, dass Roland wegen dieser Worte Bertrand umarmt (v. 1261),
in Widerspruch. Es muss daher in v. 1256 statt Berars einfach Bertrand gelesen werden.

liefert namentlich folgende Stelle: „Als Olivier die feindlichen Heerhaufen herannahen sieht, ermahnt er seinen
Freund, ins Horn zu stossen, um Carl zu benachrichtigen.
Aber Roland will davon nichts wissen. „Ich würde in Frankreich meinen guten Ruf verlieren,“ sagt er, „und meine
Verwandten würde allgemeine Verachtung treffen, wenn ich
der Heiden wegen ins Horn stossen wollte.“ Dreimal wiederholt Olivier seine Bitte. Vergebens! Mit derselben Rück-
sichtslosigkeit, mit der er früher für Weiterführung des
Krieges gesprochen hat, unbekümmert um das Unglück, das
dadurch über seine Landsleute gebracht wird, setzt er sich
jetzt über die Bedenken hinweg, die ihm sein Freund macht.
Er, dem 20 000 der besten Kämpfer anvertraut sind, opfert
dieselben nutzlos, statt für ihre Erhaltung zu sorgen, aus
übertriebenem Stolz und Ehrgefühl“ (806. 1863)[1]).

Im „Gui de Bourgogne“ können wir diese bösen Eigenschaften an Roland nur verabscheuen. Er spottet zuerst
über den jungen Frankenkönig (1037—41) und zwar jedenfalls, weil durch die Schilderung der rühmlichen Thaten
dieses Jünglings sein Ehrgeiz geweckt worden ist; dann
aber liebt er ihn und treibt den Kaiser an, ihn hoch zu
halten (3145—47), und zuletzt hasst er ihn wieder aus
blosser Eifersucht und Ruhmbegierde. Er sieht wohl ein,
dass die Ehre der Eroberung Luiserne's dem jungen König
gebührt (cf. 4203—4205), aber er kann es nicht über sein
Herz bringen, dass ein so junger Mann so hoch über ihm
stehe (4239—40). Daher will er sich die Ehre Gui's an-
massen (4241—42). Und mit solcher Erbitterung sucht er
das jenem zukommende Recht an sich zu reissen, dass er
mit ihm handgemein geworden wäre (4248—49. 4260), wenn
die Barone ihn nicht abgehalten hätten (4261). Sehr erzürnt (4259) besteht er auf seiner ungerechten Forderung
und sucht schliesslich dadurch über Gui zu siegen, dass er
ihm in der Uebergabe des grossen Thurmes an Carl zuvor-

---

[1]) cf. Graevell, a. a. O. p. 67.

eilt (4273). Als aber Gui sein gutes Recht zu wahren sucht, schilt er ihn einen Lügner und droht ihm den Kopf herunterzuhauen (4278—79).

§ 2.
O l i v i e r.

A. Epitheta Olivier's im „Gui de Bourgogne".

chevalier de pris (3871), le sené (10), per (345. 1027), li cuens (39), de Viane (1065).

B. Epitheta Olivier's im Rolandslied.

pruz (546. 559), pruz e gentils (176), pruz e vaillanz (3186), li pruz e li curteis (576. 3755), li ber (672. 1967), chevaliers (1369), bon vassal (1972), sages (1093), li cuens (255. 2403. 2792).

C. Charakteristik Olivier's im „Gui de Bourgogne".

Wird Roland aus Ueberdruss am Kampfe zum Rebellen gegen den Kaiser, so wird Olivier aus Liebe zu seinem Waffenbruder dazu. Sehr grosses Unrecht gibt er Carl d. Gr., als er gegen Roland aufgebracht ist (1047) und schwört bei Gott, der ans Kreuz geheftet wurde, dass er, ehe sieben Tage vergangen, nach Frankreich zurückkehren werde (1055—57). Von dieser Eigenschaft im Charakter Olivier's zeigt die Chanson de Roland noch keine Spur. Es ist daher klar, dass dem Dichter eine andere Person vorschwebte, als er von unserem Helden sang.

Noch deutlicher wird dies, wenn man den grossen Widerspruch zwischen Olivier als Rebellen und Olivier als treuen Kämpfer seines Gebieters ins Auge zieht. Wie er sich als Krieger stets treu an der Seite Roland's hält und wie er unermüdlich einen Tag und zwei Nächte in Luiserne kämpft, habe ich bereits in der Charakteristik Roland's gezeigt. Seine eisenfeste Natur wird aber ganz besonders dadurch vor Augen geführt, dass er während der 27 Jahre, die er im Heere Carls unter beständigen Kämpfen zugebracht hat, „keinen Saal, keinen gepflasterten Palast betreten hat, sondern stets durch Felder und Länder, durch Thäler und Wiesen geirrt ist" (1048—50). Trotzdem er während dieser ganzen Zeit immer dem Regen und den Stürmen, grossem Hunger und Durst und Elend ausgesetzt war (1051 bis 1052), und zwar so sehr, dass ein Geistlicher, wäre er auch noch so gelehrt, es nicht beschreiben könnte (1053), so scheint er doch immer ein ungebeugter Held zu sein. Er wird daher auch „chevalier de pris" (3871) genannt.

In Bezug auf seine Tapferkeit ist Olivier derselbe, wie im Rolandsliede, geblieben. Dort heisst er „li pruz" oder „li vaillanz" (3186). Mit seinem guten Schwerte Halteclere (1362) thut er während der Schlacht Wunder der Tapferkeit. Zuerst erlegt er den Falsarum (1226 = n.), dann den Malun (Malsaron = dR, 1353 = V_4) mit dem zersplitterten Speerschafte; hierauf wird berichtet, dass er 700 tödtet (1357) und dann noch Turgis (= V_7) und Estorgus (= C.). Hierauf zieht er das Schwert und haut den Justin von Val Ferrée nieder (1370 = n.), später den Climoris (1590 = n.), Alphaien, Escababi und sieben Araber. Charakteristisch ist ferner für seine Tapferkeit, dass es dem Kalifen nur dadurch gelingt, ihn tödtlich zu verwunden, dass er ihm seinen Speer von hinten in den Rücken stösst (1945 = V_7). Demselben spaltet er auch sogleich das Haupt (1057 = V_7), und da er merkt, dass er nicht mehr lange leben kann, will er wenigstens seinen Tod noch gebührend an den Feinden rächen (1966 f. = V. cf. auch 936. 1094. 1175. 1226. 1345. 1366. 1369. 1701. 1967)." [1]

§. 3.
Ogier.

A. Epitheta Ogier's im „Gui de Bourgogne".	**B.** Epitheta Ogier's im Rolandslied.
au gent cors (3886), l'aduré (346), chevalier de pris (3871), li gentis (3870), le bon danois (1092. 1294), le baron (1136), li Danois (31. 3782. 3890).	li puignieres (3033), vassal (3532), barun (750), pruz (3546), li cuens (3033. 3531), de Denemarche (749. 3887. 3937), li Daneis (3933. 3531).

[1] cf. Graevell, a. a. O. p. 73.

C. Charakteristik Ogier's im „Gui de Bourgogne".

Ogier der Däne (31. 3782. 3890) ist in unserem Gedichte eine ganz andere Gestalt, als im Rolandsliede. Dort ist er nur als muthiger Kämpfer gezeichnet, bei uns ist er ein Gemisch rebellischer und treu ergebener Gesinnung. Weil seine Herzhaftigkeit bekannt ist, schlägt ihn im Rolandsliede „Ganelon zum Führer der Vorhut vor, da es keinen besseren dazu gäbe (750 = n.). In der Baligantschlacht befehligt er das dritte Corps, welches aus Baiern besteht (3043). Er erlegt den Standartenträger des Baligant im Zweikampf (3550). Einen anderen Beweis seines Muthes gibt er noch, als er sieht, dass die Feinde die französischen Heerhaufen durchbrechen. Er ruft dreien der ersten Kämpfer zu, sich ihm anzuschliessen, und reitet dann zu Carl, dem er vorwurfsvoll zuruft, er sei nicht werth, fürder die Krone zu tragen, wenn er jetzt nicht einhaue, um seine Schande zu rächen (3531 = V₇ P. C.)" [1]. Dieser Charakterzug findet sich auch in unserem Gedichte. Ogier entflammt die Krieger beim Herannahen der Feinde, schnell die Waffen zu ergreifen und zu thun, was in ihrer Gewalt stände (cf. 798—803). 27 volle Jahre hindurch hat er Strapatzen über Strapatzen erduldet (cf. 32—33), in dieser ganzen Zeit ist er keine vier Nächte ohne Panzer gewesen (35). Seine Haut ist durch die Panzerringe geglättet (36). Selbst Carl muss, so sehr er ihn auch wegen seiner rebellischen Gesinnung tadelt, Ogier's Tapferkeit (proesce 50) anerkennen. Deshalb macht er ihn zum Anführer von 3000 Bewaffneten, um einen Angriff auf das Thor von Luiserne zu leiten (1314—18). Aus demselben Grunde führt er die Namen „l'aduré" (346) und „chevalier de pris" (3871). Wegen seiner treuen Ergebung zu Carl heisst er aber der „gute Däne" (1092. 1294), und der Kaiser preist die Stunde, wo Gaufroi ihn erzeugte (3787). Weitere Beispiele seiner

[1] cf. Graevell, a. a. O. p. 90.

Ergebung zum Kaiser sehe man v. 1310. 3782—84. 3870 bis 3871.

Ein scharfer Widerspruch ist daher zu constatiren, wenn Ogier sich bei anderen Gelegenheiten auf's gröbste gegen seinen Herrn empört. Er erhebt sich zuerst gegen den Befehl des Kaisers, nach Cordova aufzubrechen (cf. 31—48). Sodann verweigert er seinem Herrn und Gebieter die schuldigen Dienste, als dieser ihn auffordert, gegen eine heranrückende Schaar, die augenscheinlich aus Sarazenen besteht, zu ziehen (cf. 783—86).

§ 4.

Richard.

A. Epitheta Richard's im „Gui de Bourgogne".	**B.** Epitheta Richards im Rolandslied.
l'aduré (4006), mult sages hon (77), li dus oder le duc de Normendie (74. 137. 1083), le Normant (718. 1138).	li vielz (171. 3050), le vieil, le seignur des Normans (3470).

C. Charakteristik Richards im „Gui de Bourgogne".

Als vierter Held rebellischen Charakters erscheint Richard, Herzog von der Normandie (74. 137. 347), der als der Gründer der grossen Abtei Fécamp genannt wird (75). [1]

---

[1] Als Gründer der Abtei Fécamp wird im „Roman de Rou" [cf. Maistre Wace's Roman de Rou et des ducs de Normendie ed. Andresen. Heilbronn 1877—79. 2 Bde.] Richard I genannt. Die hauptsächlichsten Stellen lauten:

„Fescamp, une abeie, crut mult e eshalca [nämlich Richard II]
Que sis peres Richard [I] premierement funda" (Theil I., v. 229 f., Bd. I., p. 215).

„Le mustier de Fescamp fist faire e cumpassa.
„Clers i mist pur seruir, rentes i asigna". (ibid. v. 249 f.)
„Primes mist à Fescamp ordre chanuinal". (ibid. v. 279.)
„Le mustier de Fescamp fist faire." (ibid. Theil III. v. 708.)

Vgl. auch Dudonis Sancti Quintini de moribus et actis primorum Normanniae ducum. Nouvelle Edition par M. Jules Lair. Caen 1865. p. 290. cap. 126.

Vgl. ferner Guilelmus Gemmeticensis: De gestis ducum Normanniocrum libri 8. IV, 19.

Er widersetzt sich den Aufforderungen des Kaisers nur aus
dem Grunde, weil er durch seine Willfährigkeit den übrigen
Franken nicht schaden will oder „weil er es für eine Schur-
kenhaftigkeit hält", dem Kaiser die fraglichen Städte eher
zu nennen, als die Franzosen aus dem Dienste entlassen
sind (95 –96). Erst als er durch die schärfsten Drohungen
genöthigt wird, lässt er von seiner Hartnäckigkeit ab (102).
Wegen dieser Hartnäckigkeit wird er „l'aduré" genannt (4006).

Natürlich ist den Franzosen die seltsame Aufklärung,
welche der „Normanne" (718) über die fünf noch nicht
eroberten Städte Spaniens gibt, unlieb: alle verwünschen
ihn daher (137) und halten das, was er sagt, „für grosse
Thorheit und Uebermuth, für grosse Beleidigung und sehr
hässlichen Unsinn" (77—78). Und selbst der gelehrte Floriant
von Nubien stimmt in diese Ansicht ein (127—29). Nichts
destoweniger muss uns Richard als ein sehr weiser Mann
erscheinen, wie er v. 77 auch wirklich betitelt wird, denn
durch die Aufzählung der fünf Städte, die allen, bis auf
Floriant, unbekannt sind, wird seine Superiorität über die
anderen in Bezug auf Welterfahrung genügend charakterisirt.
Ueber die Namen der fünf Städte cf. 103—106.

Capitel IV.
Verräther.
Huidelon, Ganelon, Dragolant.

§ 1.
Huidelon.

A. Epitheta Huidelon's.

a. Auf physische Eigenschaften bezügliche Epitheta:
li viels (2291. 2376. 2402. 3554), li vieus (2719), li viex
(2703), le viel (3360. 3508), li viellars (3021), à la barbe
florie (1582. 2719. 3187. 3315. 3725), o le guernon mellé
(2402).

b. Auf moralische Eigenschaften bezügliche Epitheta:
li rois prisiés (1842), chevaliers menbrés (2220. 2732),
chevaliers nobiles (2705), vaillant chevalier (3028), gentils et ber (2703), preudom (2706), le menbré (3827),
li frans (3446. 3666. 3675), loial Turc (2984), loiaus
(2706), plain de seignorie (2706), le paien (1891),
l'orguilleus (1835. 2012. 2066. 2128. 2148. 2220. 2292. 2618.
2705. 2732. 2769. 3020. 3218. 3256. 3336), li glous (1838),
le cuivert mecréant (1564), mult desfaez (1498), mult des-
mesurés (2128), mult fel et desmesurez (1501), le marchis
(2773) li ber (2246).

c. Epitheta zur Bezeichnung des Standes und der Herkunft:
li rois (1836. 1843) de Montorgueil (1918. 2150).

d. Epitheta in Anreden:
gentils rois debonaires (3728), biaus sire (1968. 2427. 3027),
biax sire (1888), biaus dous sire (2725), sire viellars puans
(3639).

B. Charakteristik Huidelon's.

Huidelon, der heidnische König von Montorgueil, ist
unter den Heiden eine ebenso ehrwürdige Gestalt, wie Carl
d. Gr. und Herzog Naimes auf Seiten der Frankn. Vorgerückt
an Jahren, erhält er die nämlichen Bezeichnungen, wie jene.
Er heisst „der Alte" (2291. 2376. 2402. 2703. 3360. 3508.
3553) oder „der Greis" (3021). Sein Bart ist weiss (1933),
die Flocken hängen von demselben herab (2944). Der weisse
Bart ist für Huidelon's Person so bezeichnend, dass der
Dichter seinem Namen häufig die Worte „à la barbe florie"
(1582. 3188. 3315. 3725) hinzufügt. Auch nennt er ihn
„den Alten mit dem weissen Barte" (2719) und lässt ihn
bei seinem weissen Barte schwören (2716). Dazu kommt,
dass Huidelon's Bart von ausnehmender Grösse ist: „er wallt
ihm bis zum Knoten des Hosenlatzes" (1839). Als Zierrath
hängt Gold daran, und ausserdem sind „Knöpfe" daran
gesetzt (1934). Den Schnurrbart, dessen Farbe im Gegensatz

zu dem übrigen Haar als „gemischt" bezeichnet wird (2402), hat er über die Ohren geflochten und mit einem Stäbchen von feinem Golde im Nacken befestigt (1840—41). Auf seinem Haupte hat der „Schlemmer" einen Hut (1838), und ein rother kostbarer Mantel, der an den Seiten mit Bändern von feinem Gold verziert ist, dient ihm als Kleid (1836—37).

So deutet schon das Acussere Huidelon's auf einen mächtigen Herrscher hin: er ist der König einer angesehenen spanischen Stadt, Montorgueil mit Namen (die Beschreibung von Montorgueil sehe man 1504—14, vgl. auch 1524—26. 1613) und bewohnt in derselben einen mächtigen Palast (1835). Zwar ist er nur Lehnskönig des Marsilies (cf. 1584), aber er ist von grossem Ruf (2943) und hat in ganz Spanien solches Ansehen, dass keiner bei seinem Einzug in Augorie so kühn ist, ihm zu widersprechen (3269). Wollen wir uns den Huidelon in all' seiner Pracht vorstellen, so müssen wir ihn auf einem Faltestuhl sitzend denken, einen Schemel von Silber zu seinen Füssen (1842—43), einen mit Gold verzierten und mit Edelsteinen besetzten Stab in der Hand, an welchem 45 sehr kostbare Ringe hängen (1844—46). Wenn er mit diesem Stabe auf den Tisch schlägt, so dröhnt der ganze Palast (1847—48). In Folge seiner Macht ist Huidelon übermüthig (orguilleus 1835. 2012. 2066. 2128. 2148. 2220. 2292. 2618. 2705. 2732. 2760. 3020. 3218. 3256. 3336).

Nachdem wir so die Gestalt und die Macht Huidelon's betrachtet haben, wenden wir uns zu seinen Eigenschaften. In Bezug auf diese sind manche Widersprüche in seiner Zeichnung zu constatiren, da ganz unvereinbare Eigenschaften in buntem Gemisch ihm beigelegt werden. Auf der einen Seite ist er nämlich ein Verräther, aber nichts destoweniger zugleich ein Ehrenmann und Verächter des Verrathes, auf der anderen ist er ein feiger Herrscher, während er doch zugleich auch als wackerer Krieger dargestellt wird. Er ist ein Verräther, ohne dabei ein verworfener Charakter zu sein: anfangs erscheint er als Verräther „aus Schurken-

haftigkeit", weil er ein Heide ist, dann aber, nachdem er
Christ geworden, aus Liebe zum Christenthum und zu seinem
neuen Gebieter. Die Einzelheiten wollen wir im Folgenden
etwas näher beleuchten.

Die verrätherische Natur Huidelon's wird zuerst in
seinem eignen Saale offenkundig, indem er die zehn fränkischen Gesandten gegen alles Recht überfallen lässt (1966
bis 1967). Als aber der Ueberfall im Saale misslingt, lässt
er seine beiden Söhne, Danemont und Dragolant, von Mont-
esclair kommen, um mit deren Hülfe die Gesandten von
Neuem anzugreifen und zu tödten (2071—75). Als Heide
scheint Huidelon gar nicht die Pflichten zu kennen, die man
gegen Gesandte zu erfüllen hat; denn als Gui ihm die Schuld
des Verrathes vorwirft, benimmt er sich in einer Weise,
dass man offenbar sieht, er ist sich dieser Schuld nicht im
Mindesten bewusst: er ist gern bereit, durch einen Zweikampf, dessen günstigen oder ungünstigen Verlauf er für
bestimmendes Criterium seiner That hält, seine Schuld oder
Unschuld zu erproben (cf. 2160—68). Das Motiv zu dem
an den Gesandten verübten Verrathe ist offenbar sein Hass
gegen die Franken.

Anders gestaltet sich aber die Sache, als Huidelon nach
Annahme des Christenthums das Werk seines Verrathes fort-
führt. Als Christ ist er mit Bewusstsein Verräther, denn
er will nunmehr im Dienste Gottes und seines Besiegers
wirken. So verräth er zunächst seinen Neffen Escorfaut,
den König von Augorie (cf. 3202—13. 3227—32. 3266—73.
3288—91. 3343—48), sodann seinen Onkel Emaudras von
Maudrane (cf. 3623—28. 3635—37). Das Motiv, welches
ihn zu diesen verrätherischen Handlungen antreibt, ist immerhin ein beachtenswerthes, aber wegen des Treubruches,
den er an seinen Verwandten begeht, verdient er doch mit
Recht den Namen, welchen ihm Emaudras gibt, nämlich
„viellars puans" (1639).

Die Mittel, deren sich Huidelon zu seinem Verrathe
bedient, sind Arglist und Heuchelei. Vor allem beutet er,

um zu seinem Ziele zu gelangen, das Verwandtschaftsverhältniss zu denen aus, die er verräth. Der König Escorfant
von Augorie ist sein Neffe, deshalb ist es ihm eine Kleinig-
keit, den Thorhüter zu bestimmen, ihm die Thore der Stadt
zu erschliessen (3273). Ebenso steht es mit Emaudras von
Maudrane, der sein Onkel ist. Durch List (3512) muss
gegen diesen, wie er selbst sagt, ausgeführt werden, was
sonst nicht möglich ist (3511—17). In der Erfindung von
Listen besitzt aber Huidelon die grösste Raffinirtheit. 10 000
Franzosen lässt er Hände und Füsse locker binden (cf. 3519
bis 3533. 3553—58), täuscht die Wächter von Maudrane
und kommt so mit einer ganzen Schaar Bewaffneter zu
seinem nichts Böses ahnenden Onkel. Damit aber der Verrath nicht sogleich vor diesem aufgedeckt, sondern erst günstige Gelegenheit zur Ausführung desselben abgelauert werde,
spielt er vor diesem den Heuchler, indem er sich ganz
freundschaftlich ihm gegenüber verhält (cf. 3580—83) und
von seinem Hasse gegen Carl d. Gr. spricht, zu dessen Be-
kämpfung er selbst die Führung des Heeres übernehmen
wolle (3603—10). Durch solche Verstellungskunst wird
ihm natürlich das ganze Reich seines Verwandten und zugleich des letzteren Leben in die Hände gespielt. Es ist
ihm also nicht zu trauen, wie es v. 1498 heisst.

Das Abstossende an dieser verrätherischen Seele Huidelon's wird aber gemildert durch die gute Absicht, in welcher er sich, wenigstens in den beiden letzten Fällen, zu
dem Verrathe hingibt. Trotz der Verwerflichkeit seiner
Handlung muss man doch die bona fides anerkennen, mit
welcher er handelt: er hält sich nämlich für verpflichtet,
die Gnade, die ihm widerfahren, auch auf andere zu übertragen. Er betrachtet die Taufe, die er empfangen, für
eine Wohlthat, die ihm Gui aufgedrungen, und will in der
nämlichen Weise zur Vergeltung dieser Wohlthat auch die
andern Heiden Spaniens dem Christenthum zuführen (cf. 3196
bis 3197. 3203— 3204). Man bedenke doch, dass er nach
Empfang der Taufe für das Christenthum so beseelt ist,

dass er von seinem Lande nichts zurücknehmen will, bis er
Carl d. Gr., den Beschützer der Christenheit, gesehen (3066
bis 3070), dass er solchen, die willig dem Rufe Christi folgen,
kein Haar krümmt. Nur hält er es für eine Thorheit,
wenn einer die heilige Christenheit nicht liebt (2997), und
gegen diese Thorheit glaubt er sich aller Mittel bedienen
zu dürfen. Wie sehr freut er sich, als Escorfaut, den er
vom sicheren Tode gerettet (cf. 3359), sich zur Annahme
des Christenthums bereit erklärt! (3368).

Und nun betrachte man Huidelon bei anderen Thaten,
wo er nicht im Dienste der Kirche handelt, so wird man
erst recht begründet finden, dass der Verrath an seinen Verwandten doch schliesslich aus einer hohen Idee hervorgegangen ist. Welchen Gerechtigkeitssinn und welche Abscheu
gegen Verrätherei beweist er nicht dem jungen Frankenkönig gegenüber! Zuerst verbürgt er ihm, der doch sein
Feind ist, Schutz gegen jeden ungerechten Angriff (2199
bis 2201) und befiehlt den Heiden, dafür zu sorgen, dass
diesem Jüngling kein Schaden zugefügt werde, sonst werde
er ihnen alle Glieder zerhauen (2273—76), denn nicht will
er gegen Gui meineidig werden (2384). Aus demselben
Grunde befiehlt er die Thore der Stadt zu schliessen und
ihm deren Schlüssel zu bringen, damit keiner seinem
Sohne, wenn er etwa unterliege, zu Hülfe kommen könne
(cf. 2378—88). Und wohl hält er sein Versprechen gegen
den König Gui (2704); denn als er seinen Sohn Dragolant
mit den heidnischen Verräthern heranrücken sieht, da hat
er grosse Trauer, der ganze Sinn knirscht ihm (2707—2708).
Wie er versprochen, schützt er den jungen König vor Verrath (2709—13), droht den Verräthern mit dem Tode
(2714—17) und ermuthigt Gui, sich nicht erschrecken zu
lassen (2721—24). Als aber die Schwertgenossen Gui's
hinzueilen, um den Verrath abzuwehren, stellt Huidelon
den Zweikampf ein und beschliesst, das Urtheil über
seinen und seines Sohnes Verrath Carl d. Gr. zu überlassen
(cf. 2741—52), was denn auch durch dessen Vertreter

Naimes gefällt wird (2986—90), und dem sich Huidelon
vollkommen fügt (2999—3002). Diese Handlungsweise lässt
doch mit Sicherheit darauf schliessen, dass Huidelon nur unbe-
wusst oder doch mit gutem Nebenzweck da, wo er wirklich
Verräther ist, die verrätherische Handlung begangen. Er
wird daher „ein Ehrenmann genannt, der gerecht und voll
von Hoheit ist" (2706), „in 60 Städten gibt es keinen ge-
rechteren Türken". (2984).

Dem nämlichen Contrast, den wir durch die Unter-
scheidung zwischen Huidelon als Verräther und Huidelon als
Verächter des Verrathes gefunden haben, begegnen wir auch,
wenn wir uns seine kriegerischen Eigenschaften vor Augen
führen. Auf der einen Seite ist er nämlich ein Feigling,
auf der anderen ein tapferer Held. In seinem eignen Saale
wagt er es nicht, den Worten Gui's entgegenzutreten, bis
er sich versichert hat, dass seine Leute um ihn sind (1882
bis 1883). Auf die kühnen Forderungen Bertrand's antwortet er weder Ja noch Nein (1915), und als Estout ihm
noch heftiger droht, verändert er die Farbe und wagt nichts
zu thun, als das Haupt zu schütteln (1945—46). In seiner
Feigheit wendet er sich sogar zur Flucht (2012) und springt
voll Verzweiflung durch das breite Fenster des Saales zur
Erde (2017). Seine Feigheit zeigt sich auch in der Freude,
die er äussert, als er erfährt, dass sein Neffe Escorfaut nur
100 Ritter um sich habe, während er selbst 200 Bewaffnete zum
Schutze mit sich führt (3283). Befremden mag es ferner,
dass er nicht persönlich den Zweikampf mit Gui übernimmt,
sondern diesen seinem Sohne überträgt. Es ist jedenfalls
auch hier Grund vorhanden, ein solches Verfahren auf seine
Feigheit zurückzuführen.

Im Gegensatz zu dieser Feigheit schwingt er muthig
die Lanze gegen die ganze Schaar Dragolants, spornt sein
Ross mit sehr grossem Geschick, schlägt den ersten Türken
auf den weissen Schild und spaltet ihm die Brünne (2709
bis 2712). So wuchtig ist sein Hieb, dass der Türke todt
vom Pferde sinkt (2713), die anderen aber aus Furcht die

Zügel den Pferden anziehen (2718). Gewaltig schwingt Huidelon seinen Degen gegen die Heiden in Maudrane (3681) und versetzt im Saale des Esmaudras dem Thürhüter Cornicas einen solchen Hieb, dass er ihn mitten durchtrennt, „wie wenn es ein Handschuh wäre" (3686—87).

Ein weiterer Zug im Charakter Huidelon's bedarf aus dem Grunde der ganz besonderen Hervorhebung, weil er nicht, wie die anderen guten Eigenschaften, durch das Gegentheil getrübt wird. Es ist die bewunderungswürdige Nächstenliebe dieses Heiden. Huidelon ist von dieser schönen Tugend so durchdrungen, dass er selbst einen Feind lieben kann. Es rührt ihn das bleiche Aussehen Gui's, der in seinem Palaste vom Hunger viel gelitten, so sehr, dass er einen Seufzer ausstösst (2213) und mitleidsvoll fragt, ob er auch gespeist habe (2214). Wie gewaltig drückt es ihn aber, als er erfährt, dass dieser junge Held [man berücksichtige, dass Gui als Feind vor ihm steht] drei Tage lang ohne Nahrung gewesen! (2216). Feierlich schwört er bei Mahomed und bei Apollo, dass Gui gesättigt werden solle, ehe er einen Streich im Kampfe führe (2217—18). Schleunigst befiehlt er seinem Oberhofmeister, ein weisses Tuch, sowie einen mit Wein gefüllten Krug und ein gebeuteltes Brod zu bringen (2221 bis 2223). Dazu lässt er ihm einen Pfau vorsetzen (2225), geleitet ihn selbst zum Essen (2227) und reicht ihm das Wasser dar (2226). Auch schickt er den im Thurme Zurückgebliebenen auf die Bitte Gui's so viel, dass 30 Ritter damit gesättigt werden konnten (2236—38). Fürwahr eine edle Tugend, zumal bei einem Heiden!

§ 2.
Ganelon.

A. Epitheta Ganelon's im „Gui de Bourgogne."	**B.** Epitheta Ganelon's im Rolandslied.
li traîtres (3819. 3856), le compaignon Hardré (2922).	fel (1024. 3735), li fels, li parjurez (674), vifs diables (746), anguisables (301), cul-

verz (763), malvais hum de
put aire (763), ber (350), ber
e sages (648), noble vassal
(352), mult gentilz hum (3811),
noble barun (421. 467 = V_7),
riches hum (422), cuens oder
cunte (233. 301. 332. 342.
425. 512. 580. 625 etc.), bels
sire (512. 563. 580, 622), sire
(635), parastre (277. 308), sire
parastre (753).

C. Characteristik Ganelon's im „Gui de Bourgogne".

Von Ganelon, der „interessantesten Figur" des Rolandsliedes ist in unserem Gedichte alles Hohe abgestreift. Ueber
sein Aeusseres, welches im Rolandsliede sofort den Helden
anzeigt, erfahren wir in unserer Dichtung gar nichts. Dort
„ist er so schön, dass ihn alle ansehen müssen, als er sich
anschickt zu reden (285 = V_7 V.). Er hat das Aussehen eines
Helden (3764.) Sein Körper ist schön und hoch gewachsen
(283. 3763), der Gesichtsausdruck gebieterisch, die Augen
feurig (282); die Farbe seines Antlitzes zeigt jene Mischung
von Roth und Weiss, die den Franken so wohl gefiel (3763).
Er trägt, wie die anderen Franzosen, Bart und Schnurrbart
(1823). In Betreff seines Anzuges wird hervorgehoben, dass
er edles Pelzwerk über seinem Leibrock trägt (281. 344 f.
462). Sein blankes Schwert (445), in dessen goldenem Griffe
(466) sich heilige Reliquien befinden (607), führt den Namen
Murglais (346). Sein Pferd heisst Tachebrun (347)" [1]. Mit
der Hoheit seines Aeusseren ist in unserem Gedichte auch
das, was seinen inneren Charakter zierte, verloren gegangen:
er ist nur noch der Verräther und zwar Verräther aus Neid
(1158) mit ganz verworfenem Charakter, dem obendrein eine
gehörige Portion Feigheit eigen ist. Widersprüche in der

---

[1] cf. Gravell, a. a. O. p. 77.

Zeichnung seines Charakters finden sich in unserem Gedichte nicht, er ist eine der wenigen Personen, die einheitlich gezeichnet sind. Im Rolandsliede dagegen contrastiren bei ihm Muth und Feigheit, Klugheit und Unklugheit, Treue und Untreue. Von diesen interessiren uns am meisten die ersten und die letzten Eigenschaften. Seinen Muth beweist er namentlich dem Heidenkönig Marsilies gegenüber, sowie in seinem eignen Processe. „Nicht hat die Furcht seine Wangen gebleicht, sie zeigen ihre natürliche Röthe (3763), nicht mit verzagter Stimme redet er, sondern laut und heftig (3767). Er versucht nicht zu leugnen, sondern gesteht offen und mit einem gewissen Trotze seine That ein (3757). — Feigheit tritt namentlich hervor, als er von den fränkischen Grossen zum Gesandten vorgeschlagen wird. — Treue zu seinem kaiserlichen Herrn beweist er, wenn er es für seine Pflicht hält, den ihm vom Kaiser gegeben Auftrag gewissenhaft in derselben Form, in der er ihn bekommen hat, auch auszurichten, wenn er nicht für alles Gold auf Erden, nicht für alle Habe, die im Sarazenenlande ist, sich davon abbringen lassen will, seinen Auftrag zu sagen (456—61 = V$_7$)" [1]). Untreue begeht er, wenn er das Heer des Kaisers verräth.

Nachdem wir so in kurzen Umrissen Ganelon im Rolandsliede kennen gelernt haben, geben wir seine Zeichnung in unserem Gedichte. Mit Carl d. Gr. steht er in nahem Verwandtschaftsverhältniss, da seine Gemahlin, Gile mit Namen, die Schwester des Kaisers ist (1590).

Rachedürstig, wie er ist, trachtet Ganelon zunächst den Gesandten Gui's nach dem Leben, weil er fürchtet, diese möchten ihm das in Frankreich zurückgelassene Hab und Gut entrissen haben. Wohlüberlegter Weise sucht er zunächst Olivier für seine verruchten Pläne zu gewinnen, da er dessen rebellischen Sinn kennen gelernt hat (1065—78) Dann aber versucht er in der schändlichsten Weise den Kaiser selbst zu veranlassen, die Gesandten nackt auszukleiden, da man

---

[1]) cf. Graevell, a. a. O. p. 79 und 82.

ihre Kleider noch gebrauchen könne, ihnen dann Hände und Füsse zu binden, jedem einen Strick um den Hals zu werfen und sie so an die Schweife der Saumthiere zu knüpfen (1105—10). Gegen Gui aber, den er für einen spitzbübischen Bettler hält, solle man sofort aufbrechen, seine Leute niedermachen und ihn selbst mit Gabeln aufspiessen (1111—14). Das hält er für die beste Rache! (1115).

Wer so unedel gegen Fremde — denn nur als solche gelten ihm die Kinder seiner eigenen Heimath — gesinnt ist, kann schwerlich gegen seine Genossen edel denken. Eigensucht treibt den Rachedürstigen zur Hartherzigkeit gegen seine eignen Landsleute. Die Lebensmittel, welche der junge König geschickt hat, will er nur unter die ritterlichen Barone, unter die Fürsten, Herzöge und mächtigen Grafen vertheilt wissen, den Armen dagegen, die doch ebenso die Strapazen des langen Krieges ausgestanden haben, wie jeder ritterliche Baron, missgönnt er auch nur vier Heller davon (1100—1104).

Natürlich hat er grossen Kummer (1148), wenn seine nichtsnutzigen Worte den Unwillen edler Menschen erregen. Heftig erzürnt schwört er bei Gott, welcher ans Kreuz geschlagen wurde, dass er Carl d. Gr. und seine Barone noch zornig machen werde (1163—65), denn Verrath führt er im Schilde gegen alle, die ihm widersprochen haben. Er versammelt seine Genossen (cf. 1149—52) und sie schwören bei Gott, dass sie den Herzog Naimes, Roland, Olivier und den Kaiser Carl noch traurig machen würden (1153—56). Gestärkt wird sein verrätherischer Vorsatz, als Naimes ihn zum Anführer einer Vorhut vorschlägt: zwischen den Zähnen spricht er da, um nicht gehört zu werden: „Bei der Treue, die ich denen schulde, von welchen ich geboren bin, ich werde Euch noch zornig und wüthend machen!" (3819 bis 3822). Und kein Wort lügt er davon (1156), denn nachher verräth er die zwölf Pairs aus Neid (1158) und verkauft sie dem Marsilies (1157) und den gottlosen Ungläubigen (4067) für Gold und Silber (4068). Die Zahl derer, die durch seinen

Verrath in Roncevaux unter grosser Verwirrung umkamen
(1159) und den Märtyrertod litten (4069), betrug ungefähr
10 000 (4064). Weil Ganelon in seiner Haupterscheinung
nur als Verräther vorgestellt werden soll, trägt er auch nur
solche Beiwörter, die sich auf diese Seite seines Charakters
beziehen: er heisst „li traïtres" (3819. 3856) und „felon" (1147).

Sehen wir nun schliesslich zu, worin sich die Feigheit
dieses hartherzigen Verräthers offenbart. Spricht schon aus
dem angeführten Benehmen gegen Naimes, der ihn zum
Anführer einer Vorhut vorgeschlagen, seine Feigheit in der
unzweideutigsten Weise, so tritt dieselbe aus anderen Umständen
noch deutlicher hervor. Wie vom Blitze gerührt schaudert
er bei der Nachricht von dem Nahen des Marsilies: schleunigst räth er, nach Frankreich zurückzukehren und sich
nicht thöricht hinschlachten zu lassen (3791—99). Und als
er nun gar wirklich ein Heer heranrücken sieht, hat er
nichts Eiligeres zu thun, als in den Kaiser zu dringen, die
Belagerung von Luiserne aufzugeben, die Pferde zu be-
steigen und sich zur Flucht zu wenden (3856—62). So
können wir Ganelon in unserem Gedichte keine einzige
Seite abgewinnen, die zu seinen Gunsten spräche. Alles
passt zu seinem Charakter als Verräther.

Ganelon hat in unserem Gedichte noch eine ganze
Schaar Verräther um sich, etwa 15 000 verbrecherische
Schurken (1162), von denen als die hervorragendsten ge-
nannt werden: sein Neffe Hardré (1086), Tibaut (1150) und
Alori, le cuivert renoié (1087), sowie die aus Morillon stam-
menden (1150). Ganelon bedient sich dieser Anhänger als
Stütze, beruft sie daher auch, wenn er einen Verrath ersinnt,
zu einer Versammlung zusammen (cf. 1149—52).

§. 3.
Dragolant.
A. Epitheta Dragolant's.
l'orguilleus (2392), li fiers (3613), li preus (3551).
B. Charakteristik Dragolant's.
Dragolant ist einer von den beiden Söhnen des heid-

nischen Königs Huidelon, er ist also der Bruder Danemont's.
In ganz Spanien gibt es nach der Ansicht Huidelon's keine
schöneren Schwertdegen, als diese beiden (1500). Aber
Dragolant hat ein schurkiges Herz (2963. 2967), welches
Verrath ersinnt (2964). Wohl weiss er, dass im Gesetze.
geschrieben steht, der Heide könne nicht gegen den Franzosen Stand halten (2395—97). Als er daher von der Stadt-
mauer aus seinen Bruder gegen den jungen Gui gerüstet
sieht (2392—93), ruft er die heidnischen Sarazenen (2394),
bewaffnet 300 derselben (2398) und bricht, als sein Bruder
am Boden liegt, durch eine verborgene Pforte (2399) hervor,
indem er seine Leute auffordert, Danemont zu Hülfe zu eilen
(2688—89). So wird Dragolant aus reiner Bruderliebe zum
Verräther. Eben dieses Motiv nimmt seiner Handlungsweise
etwas von der Verwerflichkeit, die ihr eigentlich zukommt,
zumal er ein noch nicht getaufter Mensch ist und ein solcher
nach dem Urtheile des Herzogs Naimes nichts Tadelnswerthes
thut, wenn er seinem Bruder zu Hülfe eilt (2986—88).

Capitel V.

Streitbarer Geistlicher. [1)]

Turpin.

A. Epitheta Turpin's im „Gui de Bourgogne".	**B.** Epitheta Turpin's im Rolandslied.
a. Auf physische Eigenschaf-ten bezügliches Epitheton: au vis fier (1251).	a. Auf physische Eigenschaf-ten bezügliche Epitheta:
b. Auf moralische Eigenschaf-ten bezügliche Epitheta: li gentils clers (1497), bon mult gentilz hum (2252), le ordené (1671), bon prestre	b. Auf moralische Eigenschaf-ten bezügliche Epitheta: nobilie barun (2237), mult bon chevalier (ein gar wac-kerer Ritter 1673), campiun

---

[1)] Ueber das persönliche Erscheinen der Geistlichen bei Heerzügen
im Frankenreiche cf. Graevell, p. 119.

(3666), le vaillant (3690), li proisiés (3118).

(Kämpfer 2244), chevaliers debonaire (2252), li guerreiers (2242), pruzdoem e essaiez (streitbar und kampferprobt 2068).

c. Epitheta zur Bezeichnung des Standes und der Herkunft:

evesque de novel adobez (500), l'archevesques (511. 515. 527. 1243. 1559. 1628. 1666 etc.), l'ordené (621), hons Karlemaine (1950).

c. Epitheta zur Bezeichnung des Standes und der Herkunft:

l'arcevesques (170. 799. 1124. 1137. 1141. 1243 etc.), de Reins (264. 2077. 2083).

C. Charakteristik Turpin's im „Gui de Bourgogne".

Der Erzbischof Turpin ist in unserem Gedichte wie im Rolandsliede der Typus des streitbaren Geistlichen und als solcher geradeso gezeichnet, wie in der Chanson de Roland. Er gehört aber nicht zur Umgebung Carls, sondern ist Bischof der Neubewaffneten (509). Tapfer im Kampfe vergisst er nicht die Pflichten, welche ihm sein geistliches Amt auferlegt. Wegen seiner kriegerischen Tüchtigkeit nennt ihn der Dichter „le vaillant" (3690) und „li prisiés" (3118), wegen seiner Tüchtigkeit im geistlichen Stande aber „bon ordené" (1671) und „bon prestre" (3666). Kühnheit sieht man seinem Gesichte an, weshalb er auch „Torpin au vis fier" (1251) heisst. Wohl weiss er im Kampfe einem Ritter zu begegnen (1670). Tapfer greift er im Palaste Huidelon's an und lässt einem Heiden den Stahl ins Schulterblatt gleiten (1980—81). Er erlegt den König von Montefier (3355). Der König Emaudras von Maudrane aber, der sich erkühnt, über den Namen Jesu zu spotten, bringt ihn in solche Wuth, dass er ihm mit seinem guten schneidigen Schwerte den Kopf bis zur Brust durch einen wuchtigen Hieb spaltet (3663—65). Ja er fühlt selbst die Kraft in sich, den Kampf gegen zwei bewaffnete Türken aufzunehmen (2142—43) und brennt vor Begierde, den Zweikampf mit dem starken und rüstigen Sohne Huidelon's, Danemont, zu übernehmen (2173—74). Auch fleht er mit lauter Stimme zu Bertrand, er möge ihn doch den zehn Kriegern zugesellen, welche den gewagten Weg zum heidnischen König Huidelon antraten (1666—70). Und als ihm diese Gunst gewährt ist, gibt er abermals Probe seines unbeugsamen Muthes in einer bewunderungswürdigen Rede, die er vor Huidelon hält (1949—63). Nicht selten ermuthigt er auch die anderen zum Kampfe (2540—43). In der Predigt, welche er an die Krieger vor dem Kampfe gegen Escorfaut von Carsaude hält, ermahnt er die Soldaten, wacker loszustürmen und sich nicht zu fürchten. Als Busse legt er ihnen auf, wuchtige Hiebe unter die Heiden zu vertheilen (521—23) und legt ihnen diese Mahnung eindringlicher ans Herz, indem er sie wiederholt (527—28). Die tapferen Thaten Turpin's finden auch die Bewunderung und das Lob Huidelon's (3666. 3731—32) und Dragolant's (3667—69).

In seiner Eigenschaft als guter gelehrter Geistlicher (1668) versteht der Erzbischof wohl seinen heiligen Dienst (3059). Geistliche Handlungen verrichtet er, wenn er den Kriegern die Absolution von allen ihren Sünden ertheilt (516—20) und ihnen den Segen spendet (512). Bei der Ankunft vor Montorgueil singt er eine heilige Messe, und die Kinder gehen, den Gottesdienst zu hören (1628—29). Turpin tauft den Heidenkönig Huidelon sammt seinem Volke (3010—16), ebenso die Gemahlin Huidelon's (3060) und den König Escorfaut von Augorie sammt seinem Volke (3436 bis 3437). Als gottergebener Priester ist natürlich sein Herz traurig, wenn ein Heide den Glauben an Christus nicht annehmen will (3662).

Als Unterthan des jungen Königs bringt Turpin diesem die innigste Liebe entgegen, er vertheidigt ihn und seine Handlungsweise vor Carl d. Gr. (1251—53), fleht für ihn zu Gott, wenn er sich in Gefahren befindet (2633—47), und fleht ebenso ängstlich besorgt andere an um Abwendung der Gefahr von seinem Herrn (cf. 2426—28.)

Capitel VI.

Dolmetscher.

Boïdans von Carsaude, Boïdans von Luiserne,
Floriant von Nubien.

§ 1.
Boïdans von Carsaude.

A. Epitheta:

latinier (5333), li paicns (437. 455), li Sarrasins (445. 461),
li Arrabis (453), li Turs 470).

B. Charakteristik.

Boïdans der Araber (453) oder der Türke (470) gehört
zu der Zahl jener Gelehrten, die im Mittelalter an den Höfen
der Vornehmen die Stelle eines Dolmetschers versahen. Er
wird daher „latinier" (533) genannt. Als solcher befindet
er sich in seines Herrn, des Königs Escorfaut von Carsaude,
unmittelbarer Nähe, um die Unterhandlungen mit fremden
Landesbewohnern zu führen (cf. 431 — 69). Aus den Verhandlungen, welche er mit Gui führt, leuchtet sein Charakter
deutlich hervor: er ist eine feige Natur, die eher im Stande
ist, seinem Herrn zu schaden, als zu nützen. Anfangs verflucht er Frankreich (446 — 68), dann aber, als ihm die
Sache etwas zu bedenklich vorkommt, ergeht er sich in
Lobsprüchen darüber (449—52) und kommt in seiner Feigheit
so weit, dass er dem Feinde gesteht, es wäre ihm lieb, wenn
die Stadt ohne „Schiessen und Werfen" übergeben würde!
(468 — 69). Doch noch weiter treibt ihn die Furcht vor den
Franken, so dass er dem Escorfaut wie ein Bekehrter vorkommt (cf. 475—89).

Im Uebrigen weiss er doch ein schnelles Streitross gut
zu tummeln. (cf. 426—29. 471). In Bezug auf sein Aeusseres
wird nur gesagt, er trage einen gemischten Bart (461).

§ 2.
Boïdans von Luiserne.

A. Epitheton:
latiniers (1337).

B. Charakteristik.

Boïdans, der Dolmetscher des Königs Aquilant von Luiserne, erscheint als ein sehr erfahrener Gelehrter, der früher in Frankreich gewesen ist (1337). Er kennt daher Carl d. Gr. sehr wohl (1338). Unter den Rittern Luiserne's scheint er hohes Ansehen zu geniessen (cf. 1339—45), weil er durch Verstand und Einsicht sich unter ihnen hervorthut Er durchschaut die listigen Absichten Carls d. Gr. und ist nicht zu bange, dem mächtigen Kaiser muthig entgegen zu treten (1399—1403). Allerdings erliegt er der wuchtigen Kraft des Frankenhelden (1413).

§. 3.
Floriant.

A. Epitheton:
latiniers (113) de Nubie (112).

B. Charakteristik

Floriant von Nubien, der Dolmetscher Carls d. Gr., ist ein viel gewanderter Gelehrter (cf. 125—26), der vom Heidenthum bekehrt wurde (114) und nun als treuer Rathgeber Carl zur Seite steht. Carl d. Gr. ist von seinen hohen Kenntnissen vollkommen überzeugt (cf. 115) und soll in der Folge erfahren, mit welch' guten Gründen dieser Floriant ihm von dem Zuge gegen die fünf noch nicht eroberten Städte Spaniens abgerathen hat (cf. 126—31. 135).

Capitel VII.
Die heidnischen Paladine
(ausgenommen die unter I., IV. und VI. besprochenen).

In unserem Gedichte machen wir die seltsame Beobachtung, dass Personen auf heidnischer Seite, welche dasselbe Amt bekleiden, auch denselben Namen tragen. Ein Beispiel dieser Art haben wir an den beiden Boïdans bereits kennen gelernt, ein anderes finden wir in den beiden Königen, welche den Namen Escorfaut tragen. Auf die Charakteristik dieser beiden Herrscher wollen wir daher zunächst eingehen, weil durch eine Nebeneinanderstellung beider ihr Charakter um so genauer geschieden werden kann.

§ 1.
Escorfaut, König von Carsaude.

A. Epitheton:

le seignor de Nubie (531).

B. Charakteristik.

Escorfaut von Carsaude, der Herr von Nubien (531), ist ein muthiger Regent, dem es nicht an Willenskraft fehlt, sein Reich gegen die Angriffe seiner Feinde muthig zu schützen, der aber unterliegt, weil er ein Heide ist. Nicht lässt er sich durch das Abmahnen des Boïdans (480 bis 484) einschüchtern, gegen das Heer Gui's zu ziehen, sondern befiehlt den Seinigen, sich schnell zu bewaffnen und die Heranrückenden von vorn und hinten anzugreifen (cf. 405—11). Er trägt selbst die Lanze aufrecht an der Spitze seines Heeres, da wo das Banner flattert (532). Als er aber dem Feinde naht, stürmt er mit seinem Rosse gegen den stärksten der Feinde an (552) und will nicht für alles Gold von Pavia ablassen, bis er mit seinem schneidigen Spiesse den jungen König getödtet (542—44). Wuchtige Hiebe theilt er aus (554) und schlägt Gui auf den weissen Schild (555), bis er kämpfend dahinsinkt (cf. 560—62).

§ 2.
Escorfaut, König von Augorie.

A. Epitheta:

à la chere hardie (3280), à la barbe florie (3286), le menbré (4086), li rois (1531. 3209), d'Aumarie (331. 3689).

B. Charakteristik.

Der König von Augorie, ein Neffe Huidelon's (3210), ist gerade das Gegentheil seines Namensverwandten, er ist ein Feigling. Trotzdem stellt der Dichter ihn als einen Ritter mit kühnem Gesichtsausdruck dar (3280). Er schwört zwar, seine Ritter zu versammeln und gegen den jungen Frankenkönig zu ziehen, als er erfährt, dass dieser das ganze Reich Huidelon's erobert hat (3292. 3301); auch droht er Bertrand und Bérart die Köpfe mit seinem Stahlschwerte herunterzuhauen (3323—26), aber sobald es heisst, That beweisen, sieht man, dass jene Drohungen nur leeres Gerede waren. Er flieht und verspricht, an Jesus zu glauben, sobald der Angriff auf ihn beginnt (3363—65), und obgleich die 30000 Soldaten (3382), die vor dem Palaste aufgestellt sind, ihm zu Hülfe kommen wollen (3387—89), wagt er es doch nicht, sich der Gefahr des Lebens auch nur einen Augenblick auszusetzen (3390—96), denn er will eher sein Land verlieren, als seinen Kopf (3366).

Wie Feiglinge in unserem Gedichte überhaupt zugleich die Rolle des Verräthers spielen, so auch Escorfaut. Er will seinen Onkel Emaudras von Maudrane gerade so verrathen, wie es ihm von Huidelon widerfahren (3484—86), ohne dass man recht das Motiv seines Verrathes einsicht. Jedenfalls ist es nicht das edle Motiv, welches den Huidelon zum Verräther macht, eher ist es Neid auf die Freiheit seines Onkels oder selbst Feigheit. Wie dem aber auch sei, er führt den Verrath an seinem Onkel aus, indem er mit einer Schaar gebundener Franzosen nach Maudrane zieht, die Wächter durch Vorspiegelung falscher Thatsachen täuscht (3564—69), indem er ferner in gleicher Weise wie Huidelon den Heuchler vor seinem Verwandten spielt (3585 bis 93) und zuletzt an der Spitze der Verräther kämpft (3623—28).

Seinem Aeusseren nach zu urtheilen, muss Escorfaut von Augorie schon bejahrt sein, denn sein Bart ist weiss

(3286. 3293). Er wird auch Escorfaut von Aumarie genannt. (3319. 3689).

Wenn ich der Charakteristik dieser beiden Könige diejenige mehrerer anderer Edlen folgen lasse, so geschieht dies deshalb, weil ihre Zeichnung in unserem Gedichte zu wenig ausgeprägt ist, um sie anderen Personen, mit denen sie wohl Einiges gemein haben, an die Seite zu stellen. Die Namen der in den folgenden Paragraphen zu behandelnden Personen sind Emaudras, Aquilant, Salatrés und Cornicas.

§ 3.
Emaudras, König von Maudrane.

A. Epitheta:
li traïtres (3649), li glous (3730), fel viellars recréans (3649), cuivers maléis (3447), fil à putain (3649).

B. Charakteristik.
Der heidnische König Emaudras ist der Onkel Huidelon's (3566) und Escorfaut's von Augorie (3585). Er ist ein eingefleischter Heide und als solcher der entschiedenste Feind Carls d. Gr. Er freut sich, als ihm die 10000 gefesselten Franzosen von seinen Neffen als Geschenk gebracht werden; denn nunmehr glaubt er die Zeit gekommen, wo er mit seinen Neffen vereint gegen Carl nach Luiserne ziehen und dem Könige Aquilant Hülfe bringen könne (3594. 3602). Der schändliche Verrath seiner Verwandten ist nicht im Stande, ihn von dem Glauben seiner Väter abzubringen: eher will er ins glühende Feuer geworfen werden, als an Christus glauben (1639—44). In Folge dessen findet er seinen Tod durch den Erzbischof Turpin (3663—65); denn in den Augen der christlichen Franken ist er nur ein verhasster Gottloser (3477) und ein Spitzbube (3730).

Bemerkenswerth ist, dass ihn die Verräther unter einer Olive antreffen, wo er mit Murgale Schach spielt (3574—75). Ringsum ihn sitzt eine Menge Ritter (3576).

§. 4.

Aquilant, König von Luiserne.

A. Epitheta:

li rois (4215), le scignor (1342), de Luiserne (4153), gentils rois (1429).

B. Charakteristik.

Aquilant, der Sohn des starken Königs Maucabré (1385), hat die Herrschaft über die uneinnehmbare Stadt Luiserne. Er ist nicht unbeschränkt in seiner Regierung, sondern lässt sich von den dreissig um ihn versammelten mächtigen Königen (1368) zum Theil bestimmen. Als er das Todesurtheil über den Pilger [= Carl d. Gr. in Mönchstracht] gesprochen (1414—15), macht er dasselbe rückgängig (1425—26), sobald Salatrés ihn auf die Uebereilung des Urtheils hingewiesen hat (1416—24).

Vor Carl d. Gr. hat Aquilant zwar grosse Furcht (1369), doch ist er dabei nicht ganz ohne Muth (cf. 1434. 1436. 1443. 4146—47). Sein Leben ist ihm allerdings zu lieb, als dass er sich einer zu grossen Gefahr aussetzen möchte: als er sieht, dass es ihm keinen Heller mehr nützt, sich zu vertheidigen, da sucht er sein Heil in der Flucht (4209—12). Zu dieser hat er vorsichtiger Weise schon vorher Anstalten getroffen; er hat ein mächtiges Ruderschiff bereit machen lassen (4154), welches er sammt den 30 Königen aus dem Perserreiche besteigt (4210—11). Aber auf dem Meere erhebt sich plötzlich ein Sturm, der Mast des Schiffes wird zertrümmert, das Schiff zurückgetrieben, und wer nicht von Feindeshand umkommt, erliegt den Fluthen des Meeres (4217—27).

§. 5.

Salatrés.

A. Epitheton:

li rois (1416).

B. Charakteristik.

Unter dem Namen Salatrés werden wir mit einem von
den 30 Königen bekannt gemacht, die sich um den Herrscher von Luiserne befinden. Er ist ein unparteiischer und
verständiger Mensch. Er hat bloss gesehen, wie Boidans
den würdigen Pilger [= Carl d. Gr. in Mönchstracht] am
Bart gezogen, wie der Pilger, über dieses unwürdige Benehmen des Heiden indignirt, seine Faust erhoben und
jenen niedergestreckt hat. Da er natürlich keinen Grund
weiss, warum Boïdans den Pilger so unversehens angegriffen,
so findet er an der Gegenwehr dieses Mannes nichts zu
tadeln. Er wendet sich daher gegen das voreilige Urtheil
des Königs, indem er beweist, dass der Pilger ein volles
Recht auf Gegenwehr habe; deshalb müsse man ihn frei
ausgehen lassen (1416—24). Seine Ansicht scheint am Hofe
viel zu gelten, denn Aquilant fügt sich derselben vollkommen
(cf. 1425—26).

§ 6.
Cornicas.

A. Epitheta:

li païens (594), li glous (680).

B. Charakteristik.

Cornicas ist ein ebenso treuer wie muthiger Kämpfer
aus der Schaar des heidnischen Königs Escorfaut von Carsaude. Bewaffnet nach Art eines kühnen Mannes (580), hat
er einen Helm auf seinem Haupte, einen Panzer um seinen
Körper, ein Stahlschwert an der Seite und einen starken
schneidigen Spiess in der Hand (581—82). Mit Todesver-
achtung (cf. 585) stürzt er, nachdem sein Herrscher gefallen,
auf den Feind, denn er möchte seine Landsleute, die er so
schmählich zu Tode befördern sieht, rächen (583—84). Nach
hartnäckigem Kampfe, während dessen der Schlemmer (580)
auf Christus flucht (591), fällt er von rothem Blute über-
strömt, unter den Schlägen Gui's (592—600). Doch hat er
sich ritterlich bemüht, seine Schmach zu rächen (590).

Denselben Namen führt einer von den Rittern des
Emaudras von Maudrane. Er lässt sich durch die trügeri-
schen Angaben Escorfaut's bestimmen, den Feinden die Stadt
zu öffnen (3570—72), wird dann von Huidelon, dem er in
den Palast von Maudrane gefolgt ist, mitten durchgehauen,
„wie wenn es ein Handschuh wäre" (3686—87).

Sonstige nennenswerthe Heiden sind noch Maucabrés,
Anführer von 700 heidnischen Rittern (1683—84), Puillart,
der Sohn Aucipier's (1977), Butor de Salorie (3295), Mau-
dran (3296), Marchepier (3353), Murgalant de Rausier (3354),
der König von Montefier (3355) und Murgale le fier (3575).
Der mächtigste aller heidnischen Könige, Marsiles, wird in
unserem Gedichte nur genannt (3772. 3848. 4053), aber
nicht weiter geschildert.

Capitel VIII.
Die zwölf Pairs.

Ueber die Namen der Pairs kann in unserer Chanson
kein Zweifel herrschen, da dieselben von einem Pilger der
Reihe nach aufgezählt werden (cf. 345—50). Im Rolandsliede gehen die Namen bunt durcheinander, weshalb die
Aufstellung der Liste derselben nur durch Vergleichung
aller Stellen auf dem Wege der Vermuthung erreicht werden kann [1]). Wenn man die Zusammenstellung L. Gautier's [2])
als richtig annehmen darf, so haben beide Dichtungen die
Namen von 6 Pairs gemeinsam, nämlich Roland, Olivier,
Ivon, Ivoire, Oedes [= Oton im Rolandsliede] und Samson.
An die Stelle des Gerin, Gerier, Berengier, Engelier, An-
séis und Girard sind getreten: Naimes, Ogier, Richard,
Renier, Haton und Tierri.

Werfen wir einen Blick auf die Stellung, welche die
Pairs in unserem Gedichte inne haben, so ist dieselbe als

---

[1]) Graevell, a. a. O. p. 88.
[2]) Les Epopées françaises. t. III. p. 73.

eine Sonderstellung zwar nicht direkt angegeben, aber man
sieht, dass sie hauptsächlich dazu da sind, um als Rathgeber des Kaisers zu fungiren. Daher beruft der Kaiser
sie jedesmal, wenn er ein Dekret kundgeben will oder eines
Rathes bedarf (cf. 9—10. 717—20. 745—46. 1081—87.
1217—18. 4112—15). Zu merken ist jedoch, dass an keiner
der genannten Stellen die Namen der Pairs vollständig aufgezählt sind; zwar ist die Vollzähligkeit derselben durch
Zusätze, wie „et le riche barnage de la crestienté" (11) und
dergleichen angedeutet.

Im Kampfe spielen die 12 Pairs eine hohe Rolle, doch
scheint es, als ob hier ihre Zusammengehörigkeit weniger
in Betracht käme, da von jedem als Kämpfer einzeln gesprochen wird. Ueber die Eigenschaften der Einzelnen im
Kampfe ist aber zum Theil schon gesprochen worden, zum
Theil soll darüber im Folgenden noch gehandelt werden.

Unter der Zahl der noch nicht besprochenen Pairs
werden Ivon und Ivoire am allerwenigsten in unserer Dichtung gezeichnet. Sie werden nur gelegentlich mit den anderen genannt und zwar neben einander (417. 720. 1084.
4114). Nur einmal wird Ivon allein angeführt (746). Eigenthümlich Charakteristisches wird aber ausser dem, was von
den Pairs überhaupt gilt, nicht an ihnen hervorgehoben.

Ebenso steht es mit Haton, dem nur die lobenden Beiwörter „le sené" (der Besonnene 348) und „l'alosé" (der
Hochgepriesene 4114) gegeben werden, sowie mit Renier,
der ebenfalls „l'alosé" heisst und von Carl zärtlich geliebt
wird (3136).

Etwas ausführlicher wird über Samson von Burgund,
den Vater des jungen Königs, gesprochen. Er ist mit Carl
d. Gr. nahe verwandt, hat nämlich dessen Schwester zur
Gemahlin (217. 3166). Er trägt, wie Carl, einen weissen
Bart, der ihm über die Brust wallt (2841). Sein mit Pelz
verbrämter Mantel ist unter der langen Dauer der Kriege
grau geworden (2840). Durch die Attribute, welche ihm
beigelegt werden, wird er als ein kühner Ritter und tapferer

Krieger zu denken sein: er heisst nämlich „le chevalier hardi" (2798), „le guerrier" (1083. 3147), „l'adurés" (4129), „le dus Samson le riche" (3743), „riches hom" (356), „gentils et ber" (216. 350. 2451) und „l'alosé" (5890). Neben den Tugenden eines Kriegshelden ist an ihm die Hingebung zu seinen Verwandten, zu Carl (cf. 3096—3100) und zu seinem Sohne (3092—93. 3120—22. 3124. 3163), am meisten hervorgehoben.

Ein anderer aus der Zahl der 12 Pairs ist der Herzog Tierri d'Ardane (349. 894. 903) oder li Ardenois, wie er v. 2797. 2843 heisst. Von seinem Aeusseren wird nur gesagt, dass er einen Bart trägt (746). Er ist der Vater Berart's von Mondisdier (895. 2844), eines kühnen Recken unter den Edlen Gui's. Tierri erscheint als ein ruhiger und friedliebender. Charakter: über die Schmähworte, die ihm Bérart sagt, kann er nur zürnen (912). Er erwiedert dieselben aber nicht, sondern räth ihm, dem Kaiser gegenüber sich milde zu benehmen, ihm nichts als Gutes zu sagen; denn sonst werde dieser ihm den Kopf unter dem Kinn herunterhauen (936—40).

Es erübrigt uns noch, Einiges über den Herzog Oedes de Lengres (871. 4007) zu sagen. Wegen seines Bartes wird er „le barbé" (349) genannt. Er weiss, trotzdem er ein Greis ist (cf. 886), sein Ross gut zu handhaben: er spornt dasselbe an, dass es gewaltig rennt (872), und wenn Carl einen Befehl ertheilt, so schwingt er sich auf dasselbe (1196), um denselben schnell auszurichten. Deshalb heisst es von ihm, er habe das Herz eines Baronen (871). — Sein Gemüth ist nicht so ruhig, wie das des Tierri, vielmehr erwidert er in ebenso heftigen Worten, wenn man ihm etwas Unliebsames sagt (cf. 880—82. 892—93).

Capitel IX.
Französische Edle aus der Umgebung Carls d. Gr.

Ausser den 12 Pairs werden in unserem Gedichte häufig andere Edle aus der Umgebung Carls mit Namen angeführt. Einige derselben, Ganelon, Hardré, Tibaut, Alori und Floriant haben wir schon kennen gelernt. Hinzu kommen noch Berengier (417), Jofroi le vaillant (der Streitbare 719), Gautier de Berri (719) und Gondri (720). Dieselben kommen zu vereinzelt vor, als dass sich im Besonderen etwas darüber sagen liesse. Vielfach werden sie mit den Pairs vermischt, ohne dass man ihnen eine eigenthümliche Seite des Charakters abgewinnen könnte. Ebenso steht es mit dem Ritter Elye, der nur ein einziges Mal genannt wird (111).

Capitel X.
Französische Edle aus der Umgebung Gui's.

Wie Carl d. Gr., hat auch Gui eine auserwählte Mannschaft um sich. Von dieser werden mehrere als Söhne der Pairs genannt. Bertrand und Turpin haben wir bis jetzt kennen gelernt, die übrigen sollen in diesem Capitel besprochen werden. Die meisten von ihnen sind nicht besonders charakterisirt: sie haben die Eigenschaften tüchtiger Ritter gemein, sind bei allen gefährlichen Unternehmungen zugegen und werden zu Gesandten benutzt. Die Namen dieser jungen Edlen sind: Gilemer l'Escot (620), Savari de Toulouse (622. 649. 1558. 1664. 3235. 3690), Jofroi l'angevin (650) mit dem Beinamen „le sené" (622), der Burgunder Auberi (1235. 1665. 2057), welcher mit den Beiwörtern „le menbré" (649), „le sachant" (1558) und „le hardi" (3691) geschmückt wird; Hue „le sené" (650), auch „l'envoisiez" (der Schlaue 1235) und „le menbré" (1655) genannt, endlich Bérart de Monsdidier und Estout, worüber sich etwas Ausführlicheres sagen lässt.

§ 1.
Bérart de Monsdidier.
A. Epitheta:

à la chiere hardie (3726);

vallet (1180), damoisiauz debonaires (1662), qui tant fait
à proisier (1180), hons au roi Guion (899), l'Ardenois (621),
de Monsdidier (701. 743. 895. 1181. 1226. 1236. 1557. 1661.
3350. 3542).

B. Charakteristik Bérart's.

Bérart muss in seinem Aeusseren etwas dem Tierri
Aehnliches haben, denn Carl d. Gr. erkennt in ihm sofort
den Sohn desselben (cf. 1179—83). Einen Beweis seiner
Tapferkeit legt Bérart im Saale des Escorfaut von Augorie
ab, wo er Murgalant de Raussier tödtet (3354). Er wird
daher auch ein „Recke (vallet 1180) mit kühnem Gesichte"
(3726) genannt.

Unter den „Kindern" scheint ihm Bertrand am lieb-
sten zu sein, denn vielfach findet man Beziehungen zwischen
beiden (cf. 3302—3303. 3320. 3689. 3726). Auch stimmt
er Bertrand in der Vestheidigung Gui's gegen Roland vollkommen bei (4255).

Zudem ist Bérart ein „gütiger Herr" (1662). Diese
gütige Gesinnung beweist er namentlich gegen Gui (cf. 4255),
gegen Carl d. Gr. (cf. 940) und gegen seinen Vater Tierri
(904—906. 3986). Zwar schilt er seinen Vater als Sohn
einer Metze, als Schlemmer, Spitzbuben, Landstreicher und mit
anderen niedrigen Schmähworten (907—11), aber dieses Benehmen ist seinem Innersten keineswegs eigenthümlich, es
ist erzwungen, um der Pflicht gegen Gui zu genügen.

§ 2.
Estout.

A. Epitheta:

l'alosé (622), le vaillant (1557), le combatant (3691), mult
gentils hon (873), fel et estous (893), hons le roi Guion
(877), li fils oder le fil Odon (648. 701. 743. 1236. 1916.
1984. 2175. 3357. 3542).

B. Charakteristik Estout's.

Estout, der Sohn Oedes', verdient keineswegs die ge-

ringschätzige Darstellung als thörichter Schurke, welche sein
Vater mit Anspielung auf seinen Namen gibt (892—93).
Er ist vielmehr in der Hauptsache ein besonnener und
ruhiger Charakter, der nur aus Eifer für die gerechte Sache
seines Gebieters sich mitunter etwas weit von seinem jugendlichen Muthe fortreissen lässt. Betrachten wir seine Person
etwas näher.

Für Besonnenheit und Ruhe seines Charakters sprechen
zunächst die an Huidelon gerichteten Worte (1918—28).
Selbst wenn sein Herz in Aufwallung geräth, überlegt er
doch, was er thut. Schon sehen wir ihn das Schwert von
hellem Stahl gegen Huidelon zücken, als er plötzlich inne-
hält und bei sich überlegt, dass er es doch bleiben lasse;
denn es sei besser, dass die Sarazenen und Esclerer an-
fingen (1942—44; vgl. auch 1975). Sogar bittet und ersucht
er die anderen Schwertdegen, sich nicht in ihren Handlungen zu übereilen (3307).

Dass Estout gegen seinen Vater in so schroffer Weise
auftritt und ihm sogar droht, Bart und Schnurrbart auszu-
reissen oder den Kopf bis zum Kinn zu spalten (cf. 886
bis 891), hat dieser seinen eigenen ungebührlichen Worten
über Gui (880—82) zu danken. Denn seinen Herrn als
einen Spitzbuben bezeichnen zu lassen, hält sein Herz nicht
aus, ebenso wenig wie er sich eine spöttische Miene gefallen
lässt, wenn er über den Frankenkaiser spricht (cf. 1929—41).
Nach Art eines Schurken rollt er in seiner Aufregung die
Augen und dreht den Schnurbart (883—84).

Haben wir so Ruhe auf der einen Seite, Aufwallung
auf der anderen Seite in Estout beobachtet, so wenden wir
uns nunmehr zu seinem Muthe und seiner Tapferkeit als
Krieger. Er meldet sich freiwillig zu gefahrvollen Unternehmungen, indem er das eine Mal Bertrand ersucht, ihn
unter die Zahl der 10 Ritter aufzunehmen, welche zum Palaste Huidelon's ziehen (1663), ein anderes Mal die „Kinder" ersucht, ihm den Zweikampf mit Danemont zu überlassen (2177—79). Sodann stürzt er im Saale Huidelon's

mit dem Rufe: „Voire, pensons de l'esploitier!" (1974) auf
die ganze Schaar Verräther und kämpft, ohne sich lange
mit Drohungen abzugeben (1984). Ebenso fordert er seine
Schwertgenossen zu tapferem Beginnen auf, als Gui in Gefahr schwebt, Opfer des Verrathes durch Dragolant zu
werden (2696). Er greift im Palaste zu Augorie den König
Escorfaut selbst an (3357—58). Ausserdem finden wir ihn
unter den Kämpfern in Maudrane (3542) und als „le vaillant" (1557) und „le combatant" (3691) betitelt.

Das verhältnissmässig beste Bild der Gesammttbätigkeit
der jungen Barone entrollt uns ihr gemeinschaftliches Auftreten bei Gelegenheit der Gesandtschaft, die sie im Palaste
Huidelon's ausrichten. Auf den Vorschlag Bertrand's sollen
ihrer zehn zum Huidelon unter der Angabe, Gesandte Carls
d. Gr. zu sein, gehen (1642—43). Bekanntlich ist Gui an
ihrer Spitze und die übrigen werden bis auf Joforoi alle
genannt. Es kann aber keinem Zweifel unterliegen, dass
dieser der zehnte gewesen. Bei der ersten Aufzählung ergibt die Gesammtzahl 8: Gui, Bertrand, Berart, Estout,
Savari, Auberi, Hue und Turpin (1657—66). Im Palaste
Huidelon's vertheilen sie sich in zwei gleiche Hälften, indem
5 am Thore zurückbleiben, 5 in den Saal hinaufsteigen.
Ueber die letzteren werden widersprechende Angaben gemacht; zuerst heissen sie Gui (1976), Turpin (1979), Bertrand (1982), Estout (1984) und Savari de Tolouse (1985).
Ein wenig weiter ergeben sich aber folgende Namen: Gui
(1990), Bertrand, Turpin, Estout und Gilemer (1991). Liegt
hierin zwar ein offenbarer Widerspruch, so haben wir doch
für unsern Zweck den neunten der Helden mit Namen gefunden, der zehnte allerdings ist nicht belegt.

Capitel XI.
Die Frauengestalten.

Die Frauen Frankreichs werden dem Befehle Gui's
gemäss auf vierrädrigen Wagen nach Spanien mitgebracht

(240—41). Gegenüber den heldenhaften Gestalten, welche die Männer des Frankenreiches zum grössten Theil repräsentiren, kommen uns die Frauen etwas gar zu gering vor: eine eigentliche Heldin gibt es nicht unter ihnen. Mit traurigem Herzen (1572), weder Freude noch Lachen kennend (278), bejammern sie ihr Schicksal mit den Worten: „Unglückliche! wie elend sind wir!" (1600). Sie weinen und schreien von den Wagen herab um Mitleid (1554. 1586. 1599. 3075. 3255). Fast hat es den Anschein, als ob sie ihre Söhne mehr liebten, als ihre Gatten; denn als Gui zum Zuge nach Spanien auffordert, flehen sie um Schonung ihrer Kinder, während sie doch das Unternehmen aus Liebe zu ihren Gatten freudig begrüssen müssten (cf. 266—69). Allerdings geben sie im Widerspruche hiermit während der Fahrt grosser Sehnsucht nach ihren Gatten und Carl d. Gr. zu wiederholtem Male Ausdruck (1588. 1601. 3494. 3840). Als ihnen gestattet wird, ihre Gatten zu begrüssen, haben sie grosse Freude: Hand in Hand kommen sie zu den Zelten (4003—4004). Als sie aber wieder in die Heimath entlassen werden, haben sie grosse Trauer (4071): unter Küssen und Umhalsungen nehmen sie den Abschied (4072).

Als christliche Frauen flehen sie Gott um Schutz für ihre Kinder und Gatten an (278—80). Während der Schlacht bei Carsaude beten sie zu Gott, dem wahren Richter, dass er ihre Kinder vor Tod und Unglück bewahre, indem jede ihr Gebetbuch in der Hand hält (602—605). Dasselbe wiederholt sich bei der Einnahme von Augorie (3413).

Besondere Beachtung finden unter den Damen die Mutter Gui's, deren Namen aber nicht genannt wird, sodann Gile, Alde und eine Heidin Marguerite. Diese wollen wir daher einzeln betrachten.

§. 1.
Die Mutter Gui's.

Die Mutter Gui's ist eine edle Frau (3094), voll von Güte (2929) zu ihrem Sohne, dessen Körper sie Gott dem

Glorreichen empfiehlt (1678), als er den gefahrvollen Weg zum Palaste Huidelon's antritt. Nur unter Thränen kann sie sich von ihm verabschieden, als es zur Trennung kommt (1677). An Werth steht sie der Schwester Carls d. Gr. nicht nach (4045).

§ 2.

G i l e.

A. Epetheta:

ou gent cors onoré (2920), l'eschevie (die schlanke 4044), la duchoise (1594. 2920), suer Karlemaine (1590. 2921), la suer Karlon (3245), la suer au roi Karlon (4000), fame Ganelon (1591. 2922), mere Rollant (1592. 2923).

B. Charakteristik.

Die Schwester Carls d. Gr. führt den Namen Gile (1590. 2921. 3245. 4000). Sie ist die Gemahlin Ganelon's (1591. 2922) und Mutter Roland's (1592. 2923). Ganelon ist aber ihr zweiter Gemahl, denn im Rolandsliede wird dieser ausdrücklich als der Stiefvater Roland's bezeichnet. Sonderbarer Weise wird nie von ihrem Verhalten gegen den Gemahl oder Sohn gesprochen.

Was ihre Gestalt anlangt, so ist sie schlank gewachsen (4044). Sie wird wegen dieser schlanken Gestalt auch „la duchoise ou gent cors onoré" (2920) genannt. Sie ist als Schwester Carls d. Gr. vor den übrigen Frauen auch dadurch ausgezeichnet, dass sie im ersten Wagen fährt (2924). Dieser ist aber königlich ausgestattet: vier goldene Kreuze, die grossen Glanz verbreiten, eine grosse Fahne und ein Drachen zieren denselben (2196—97).

Gile ist auch kühner, als die übrigen Frauen darge-stellt; denn während von diesen keine dem Gui zu wider-sprechen wagt, scheut sie sich nicht, ihm Vorwürfe zu machen, dass er sie nicht nach Luiserne führe (3247—51).

§. 3.
Alde.

A. Epitheta Alde's im „Gui de Bourgogne":

bele (274. 4001. 4012. 4037. 4042), qui tant a cler le vis (274), qui le viaire a cler (1059), la soreur Olivier (1258).

B. Epitheton Alde's im Rolandslied:

bele (1720. 3808. 3723).

C. Charakteristik Alde's im „Gui de Bonrgogne".

Durch Schönheit ausgezeichnet, wird Alde, die Schwester Olivier's (1059. 1259), in unserem Gedichte hervorgehoben. Es gibt keine so schöne Dame im Lager Carls d. Gr. (4002), weshalb „bele" ein von ihr unzertrennliches Beiwort ist (274. 1259. 4001. 4037. 4042). Ihr Gesicht strahlt hell (274. 1059), und zudem ist sie ausgestattet mit Geist, Schönheit, Herzhaftigkeit und grosser Höflichkeit (4042—43). Bekleidet ist sie mit einem golddurchwirkten Gewande (4001). Sie wird durch die Hand des Kaisers zur Braut Rolands gemacht (4012—4013) und von letzterem zärtlich geliebt (4014—15).

§. 4.
Marguerite.

A. Epitheta:

dame moult eschevie (3052), france roïne (3034), france moillier (3153), cortoise roïne (3060. 3072), cortoise moillier (3023).

B. Charakteristik.

Von heidnischer Seite wird nur eine Frau genannt, die Dame Marguerite (3042), Gemahlin Huidelon's (3023). In Bezug auf ihre Gestalt ist sie der Gile genähert: sie ist sehr schlank gewachsen (3050) und in ihrem Auftreten höflich (3023. 3060. 3072). Sie erscheint als eine edle Königin (3034), die sehr darnach begehrt, der Zahl der Christen einverleibt zu werden. Als sie die Nachricht erhält, dass ihr Gemahl, ihre Söhne und ihr Volk die Taufe angenommen, ruft sie aus: „Gott sei Dank!" (3041). Vor Freude seufzt ihr ganzes Herz (3043—44), wonnevoll geht sie ihrem Gemahl entgegen (3050) und heisst ihn und seine Genossen willkommen (3052), nachdem sie vorher durch ihre höfliche Dienerin die Stadt mit kostbaren Flaggen und dergleichen hat ausschmücken lassen (3045—48).

Während der Abwesenheit ihres Gemahls leitet sie das Reich (3072).

Capitel XIII.
Der Thürhüter Huidelon's.

A. Epitheta:

li jains, resp. le jaiant (der Riese 1774. 1790. 1804. 1813), fait pautonier (1776), portiers (1775. 1784).

B. Charakteristik.

Den Thürhüter Huidelon's muss man sich als einen Riesen (1774. 1790) von grosser Länge (1813) vorstellen. Er ist ein schreckliches Ungethüm, gegen welches alle Menschen unter dem Himmel nichts vermögen (1885). Eine Vorstellung von all' den Schreckensthaten, die dieser Unhold vollführt (1775. 1784), kann man sich machen, wenn man bedenkt, dass er allein mehr als tausend Franzosen hingeschlachtet (2886) und dass er ausserdem viele andere edle Männer gemordet und erwürgt hat (1785). Sehen wir uns zuerst das Aeussere dieses Unmenschen an.

Sein Haar ist struppig (1777), die Augen liegen tief im Kopfe (1779) und die Augenbrauen sind gross (1777). Verstümmelte Ohren hat er (1779), und die Zähne stehen an seinem Munde heraus (1778). Ein Hammer auf dem Amboss macht nicht so viel Geräusch, als wenn er mit den Zähnen hämmert (1791—92). Seine Beine sind flach und die Schenkel eingebogen (1780).

Mit dieser Hünengestalt vereinigt er eine unmenschliche Kraft. Einen dicken und eckigen Stab, der an mehr als 30 Stellen mit Stahl beschlagen ist (1794), schwingt er mit einer Leichtigkeit, als wenn es ein geschälter Zweig wäre (1799). Jeder auch noch so starke Schwertdegen aus Montorgueil wäre nicht im Stande gewesen, diesen Stab auch nur eine Ruthe weit zu tragen; denn allen hätte er die Flanke gebogen (1796—97). Wie wuchtig die Hiebe sind, welche er damit austheilt, geht daraus hervor, dass er das Ross Bertrand's auf der Stelle tödtet, obgleich er es nur am Ohre getroffen hat (1808—1809).

In seinem Herzen ist dieser Unhold der grösste Menschenhasser, den es gibt. Weit entfernt, den höflichen Gruss der „Kinder" (1800) zu erwiedern, kennt er nur Undank dafür (1801). Erzürnt springt er auf (1790) und unter Kopfschütteln (1804) dröhnt seine Stimme den „Kindern" entgegen: „Zu eurem Unglück kamt ihr hierhin, theuer soll es bezahlt werden!" (1805). Und sofort schwingt er den Riesenstab, um Bertrand das Haupt zu spalten (1807). Doch das Schicksal erreicht ihn: unter den wuchtigen Hieben Gui's sinkt er dahin (1814—17).

Den Ansatz zur Zeichnung eines zweiten Riesen finden wir in dem gottlosen (3617) Thürhüter des Emaudras (3614), der ebenfalls keinen besonderen Namen trägt. Er schwingt einen gewaltigen und dicken Stab von Apfelholz (3615), doch wird seine Schilderung sofort abgebrochen. Nachdem er Bertrand auf den gezackten Schild geschlagen (3616), wird er von Danemont hingestreckt (3619—22).

VITA.

Ich, Franz Friedrich Wilhelm Mauss, wurde am
15. October 1858 zu Düren in der Rheinprovinz geboren.
Ich gehöre der katholischen Religion an. Meine Eltern
befinden sich zu meiner Freude noch im besten Wohlsein.
Nachdem ich 8½ Jahr das Gymnasium meiner Vaterstadt
besucht hatte, wurde ich mit dem Zeugniss der Reife ent-
lassen und bezog die Universität Bonn, um Rechtswissen-
schaft zu studiren. Seit meinem dritten Semester ver-
tauschte ich dieses Studium mit dem der neueren Sprache
und setzte dasselbe an der Universität Greifswald zwei
Semester und an der Academie Münster drei Semester fort.
Meine Lehrer waren in Bonn: Birlinger, Bischoff,
Foerster, Haelschner, Knoodt, Maurenbrecher,
Schaaffhausen, v. Schulte, Sell und v. Stintzing; in
Greifswald: Baier, Credner, Koschwitz, Schmitz,
Schuppe, Uhlmann und Varnhagen; in Münster:
Körting, Langen, Niehues, Spicker und Storck.
Allen diesen, besonders dem Herrn Prof. Dr. Körting,
spreche ich hiermit meinen tiefgefühlten Dank aus.